초등 IB 수업의 설계와 실제

초등 IB 수업의 설계와 실제

2025년 11월 24일 초판 1쇄 찍음
2025년 12월 3일 초판 1쇄 펴냄

지은이 이윤아·안은정·성수진·신현주
기획 오선이

책임편집 김찬호
편집 김천희·엄귀영·박훈·정지현
디자인 김진운

펴낸이 윤철호
펴낸곳 ㈜사회평론아카데미
등록번호 2013-000247(2013년 8월 13일)
전화 02-326-1545
팩스 02-326-1626
주소 03993 서울특별시 마포구 월드컵북로6길 56
이메일 academy@sapyoung.com
홈페이지 www.sapyoung.com

ISBN 979-11-6707-211-5 93370

초등 IB 수업의 설계와 실제

이윤아 · 안은정 · 성수진 · 신현주 지음

사회평론아카데미

프롤로그

나는 IB에 대해 아무것도 몰랐다. International Baccalaureate라는 멋진 이름에서 "아, 뭔가 글로벌한 것이군!" 정도만 짐작했을 뿐이었다. 그러던 어느 날, IB 학교의 프로그램 전체 운영을 총괄하는 코디네이터로 근무해 보지 않겠냐는 제안을 받았다.

2022년 2월, IB 코디네이터로 근무를 시작하며 교육과정 수립 주간에 연수를 진행하게 되었다. 이틀 동안 학교의 탐구 프로그램을 작성하고 실제 탐구 단원을 설계해야 했다. 초학문적 주제를 정하고, 명시적 개념을 찾아 중심 아이디어를 만들고, 학습 접근 방법과 학습자상을 연결하며 학년 간 위계를 세우라는 과제가 주어졌다. 아무것도 모르는 상태에서 교육과정을 재구성하라는 요구는 너무 벅찼다. 마치 외국어로 된 긴 설명서를 보며 복잡한 기계를 조립하는 기분이었다.

연수를 이끌던 경험 많은 교사들의 설명을 들어도, 낯선 용어와 빠른 안내는 눈 앞에서 금세 흩어졌다. 그리고 더 난감했던 것은 직접 설계한 프로그램에 따라 실제로 단원을 운영해야 한다는 것이었다. 스스로도 방향을 제대로 잡지 못한 상태에서, 코디네이터로서 다른 교사들에게 "운영해 보라"고 안내해야 하는 상황이었으니 말이다. 결국 처음 만든 단원은 '탐구'라기보다는 교과 활동을 억지로 엮어 놓은 것에 가까웠고, 학생과 교사 모두 혼란스러워했다. 그러나 지금 돌이켜 보면, 당시의 어설픈 시도와 실패들이야말로 나를 단단하게 만든 자양분이었다.

2년 차부터는 새로 합류한 교사들을 위해 연수를 기획하고 운영에 힘을 보탰다. 첫해에 겪은 혼란을 다른 이들이 반복하지 않기를 바랐기 때문이다. 시간이 지나면서 그간의 시행착오와 적용 경험은 단원 설계를 고민하는 교사들에게 실제적인 도움을 줄 수 있는 노하우로 쌓여 갔다.

그 과정에서 나는 단순히 프로그램 운영에 머무르지 않았다. 개념 기반 교육과정과 수업(CBCI) 전문 강사 과정을 이수하며 IB의 철학을 더 깊이 이해하게 되었고, 코디네이터 네트워크를 구성하며 학교와 지역을 넘어 전문성을 키워 갔다. 무엇보다도 전국 곳곳에서 IB 수업을 고민하고 실행하는 교사들을 만나, 서로의 시행착오와 배움을 나눌 수 있었다. 그 자리에서 우리는 공통의 질문을 갖게 되었다.

"우리가 겪었던 어려움이 다른 교사들에게는 반복되지 않게 할 방법은 없을까?"

그 고민이 바로 이 책의 출발점이었다. 저자들은 각자의 실패와 경험을 거울 삼아 현장에서 얻은 배움과 실제 사례를 공유하고, 더 나은 수업 설계를 돕고자 이 책을 쓰게 되었다.

PART 1은 IB에 대해 아직 낯설고 궁금한 교사와 학부모, 교육 관계자들을 위한 장이다. "IB는 도대체 무엇인가?", "왜 우리 학교는 이 길을 선택한 것일까?"라는 질문에 답하면서, IB가 단순히 새로운 교육 제도가 아니라 학생과 교사 모두의 사고방식을 바꾸는 교육 프레임워크임을 설명한다. 특히 왜 지금 우리 교육 현장에서 IB가 주목받는지, 교사와 학교에 어떤 의미가 있는지를 차근차근 짚어 준다.

PART 2는 실제로 IB를 운영하고 있거나 곧 탐구 단원 설계를 해야 하는 교사들에게 초점을 맞춘다. 저자들이 처음 탐구 단원을 만들며 겪었던 크고 작은 시행착오, 교과 활동을 단순히 엮어내던 시도, IB 철학과 맞지 않았던 단원의 모습, 교사와 학생의 혼란 등을 솔직히 공유한다. 그리고 그 과정을 발판 삼아, 어떻게 하면 보다 효과적으로 탐구 단원을 설계할 수 있을지 단계적으로 정리했다.

PART 3는 이미 IB를 준비하고 있거나, 실제 수업 장면이 어떻게 펼쳐지는지 보고 싶은 교사들을 위한 장이다. 탐구 수업을 어떻게 설계하고, 국가 교육과정과 어떻게 연결할 수 있을지, 학생 주도성을 어떻게 끌어낼 수 있을지 실제 사례 중심으로 다룬다. 특히 탐구 수업의 구체적인 흐름과 학생들의 배움의 장면을 담아, 현장에서 구현되는 IB 수업의 실제 모습을 확인할 수 있도록 했다.

PART 4에서는 탐구 수업의 토대가 되는 문해력에 집중한다. 탐구를 하기 위해서는 자료를 찾고 이해할 수 있는 기초적인 역량이 필요한데, 그 중 하나가 바로 '문해력'이다. 단단하고 깊이 있는 IB 수업을 위해서 문해력을 높이는 방법과 학습 접근 방법(ATL)의 의사소통 기능 중 '읽기' 를 익히는 수업 사례를 제시했다.

PART 1부터 PART 4까지의 흐름을 따라가다 보면, 독자들은 IB를 이해하는 데서 그치지 않고, 실제 수업과 연결되는 실질적인 도움을 얻게 될 것이다.

이 책이 IB를 처음 접하는 교사들에게는 친근한 길잡이가, 이미 운영 중인 교사들에게는 자신의 수업을 성찰하는 도구가, 그리고 학생 중심 수업을 고민하는 교사들에게는 작은 영감과 용기가 되기를 바란다. 또한 학부모들에게도 아이가 어떤 수업을 받는지, 왜 질문을 만드는 과정이 중요한지, IB 수업이 왜 긴 차시로 이루어지는지 이해하는 데 도움이 되기를 희망한다.

저자들이 IB 교육을 실천하며 확실히 깨달은 것이 있다. IB는 매뉴얼

대로 따라 하는 교육이 아니다. 각 학교의 상황과 학생의 특성에 맞게 끊임없이 고민하고 조정해야 하는 살아 있는 과정이며, 그 과정 자체가 교사로서 성장하는 값진 시간이 된다는 것이다.

IB는 교사와 학생 모두의 생각과 배움의 방식을 근본적으로 바꾸는 특별한 경험이다. 때로는 힘들고 복잡하지만, 그 속에서 우리는 진짜 교육이 무엇인지 다시 묻게 된다. 이 책이 그런 변화를 함께 고민하고 나눌 수 있는 따뜻한 출발점이 되기를 진심으로 바란다.

자, 이제 우리 함께 IB의 세계로 첫발을 내딛어 보자. 완벽할 필요는 없다. 학생들을 위한 더 나은 교육을 꿈꾸는 마음이면 충분하다.

2025년 11월

저자를 대표하여, 이윤아

이 책의 구성

이 책은 IB 수업에 도전하고 싶은 교사들에게 길잡이가 되어 줄 수 있는 내용을 총 네 개의 PART로 구성하여 소개한다. IB라는 이름이 낯설고 어렵게 느껴질 수 있지만, 차근차근 읽어 나가다 보면 수업을 새롭게 바라보는 관점을 얻게 될 것이다.

PART 1 'IB 이해하기'에서는 IB의 특징과 초등교육프로그램(PYP)의 주요 요소를 간단히 안내한다. 이를 통해 독자들은 IB에서 사용되는 용어를 이해하고, IB 수업이 지향하는 방향을 명확히 파악할 수 있을 것이다. 더 깊은 이해를 돕기 위해 본문에서 해당 용어가 실제로 활용되는 맥락을 페이지로 연결하여 용어가 사용되는 다양한 사례를 직접 찾아볼 수 있게 하였다.

PART 2 'IB 탐구 단원 설계하기'에서는 IB 탐구 단원과 평가 계획, 학습 경험까지 어떻게 설계할 수 있는지를 단계별로 설명한다. 실제로 수업을 설계한 예시와 함께 수업 준비 과정에서 활용할 수 있는 점검표를 제시하였기에, 독자들이 IB 수업의 설계 방향을 이해한 후 IB 수업을 체계적으로 적용할 수 있도록 하였다.

PART 3 'IB 수업 들여다보기'는 세 가지 흐름으로 구성되어 있다. 먼저 IB 수업을 위한 준비 단계로 IB 이해를 돕는 수업 사례를 제시한다. IB 수업을 위한 준비 단계의 수업에서는 QR 코드를 통해 활동지를 제공하였다. 교사는 책을 읽으며 적용해 보고 싶을 때, 수업 사례를 살펴보고 활동지를 내려받아, 학생들과 함께 IB에 대한 이해를 넓혀갈 수 있다.

다음은 IB 수업 설계를 거쳐 실제로 진행된 저학년과 고학년의 IB 수업 사례를 소개한다. 각 사례의 앞부분에 수업 단원의 설계 개요를 한눈에 볼 수 있게 표로 제시하였다.

수업 사례는 수업의 주요 특징을 설명하면서 수업한 활동지를 담아 현장감을 느낄 수 있도록 하였다. 그뿐만 아니라 모둠 구성 방식을 보여주는 사진, 학생의 활동 참여 사진 등 다양한 실제 교실 모습을 사진으로 제시하여 활동 시 유의해야 할 점이나 교실 환경에 따라 달리 적용해야 할 사항들을 안내했다.

마지막으로 IB PYP의 꽃이라 불리는 발표회 수업에서는 학생들이 탐구발표회를 준비하고 실행하는 과정을 생생하게 담았다. 특히 탐구발표회의 경우에는 교사들이 가장 많이 궁금해하는 질문을 중심으로 질문-응답 형식으로 풀어내어 이해를 돕고자 하였다.

PART 4 'IB 탐구 수업과 문해력'에서는 IB 수업에서 중요하게 생각되는 문해력을 어떻게 키울 수 있는지, ATL 수업에서도 문해력과 관련하여 어떻게 수업할 수 있는지에 대한 내용과 사례를 활동지와 함께 담았다.

이렇듯 각 PART별로 다루는 내용을 계열화, 체계화하여 독자들이 단계별로 IB의 탐구 단원 설계에 다가갈 수 있도록 구성하였다. IB 수업이 낯선 교사라면 PART 1과 PART 2를 통해 다양한 용어들과 수업 설계에 대한 제반 지식을 얻을 수 있고, IB 수업에 어느 정도 익숙해진 교사라면 PART 3과 PART 4를 통해 지금까지 진행해 온 탐구 단원 수업을 성찰하거나 새로운 단원 설계 아이디어를 얻을 수 있다. IB 수업을 설계하고 준비하고, 진행한 교사들의 다양한 수업 사례를 통해 교사들은 IB 수업을 좀 더 깊이 이해하고, 자신만의 수업 맥락에 맞게 적용할 수 있는 방법을 발견할 수 있을 것이다.

이 책을 활용하는 방법

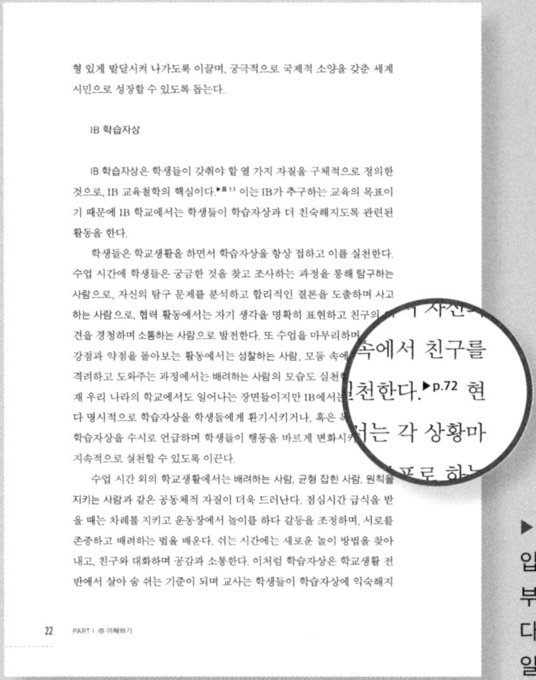

형 있게 발달시켜 나가도록 이끌며, 궁극적으로 국제적 소양을 갖춘 세계 시민으로 성장할 수 있도록 돕는다.

IB 학습자상

IB 학습자상은 학생들이 갖춰야 할 열 가지 자질을 구체적으로 정의한 것으로, IB 교육철학의 핵심이다.▶표 1.1 이는 IB가 추구하는 교육의 목표이기 때문에 IB 학교에서는 학생들이 학습자상과 더 친숙해지도록 관련된 활동을 한다.

학생들은 학교생활을 하면서 학습자상을 항상 접하고 이를 실천한다. 수업 시간에 학생들은 궁금한 것을 찾고 조사하는 과정을 통해 탐구하는 사람으로, 자신의 탐구 문제를 분석하고 합리적인 결론을 도출하며 사고하는 사람으로, 협력 활동에서는 자기 생각을 명확히 표현하고 친구의
견을 경청하며 소통하는 사람으로 발전한다. 또 수업을 마무리하며
강점과 약점을 돌아보는 활동에서는 성찰하는 사람, 모둠 속에서 친구를
격려하고 도와주는 과정에서는 배려하는 사람의 모습도 실천한다.▶p.72 현
재 우리 나라의 학교에서도 일어나는 장면들이지만 IB에서는
다 명시적으로 학습자상을 학생들에게 환기시키거나, 혹은
학습자상을 수시로 언급하며 학생들이 행동을 바르게 변화시키는 각 상황마
지속적으로 실천할 수 있도록 이끈다.

수업 시간 외의 학교생활에서는 배려하는 사람, 균형 잡힌 사람, 원칙을 지키는 사람과 같은 공동체적 자질이 더욱 드러난다. 점심시간 급식을 받을 때는 차례를 지키고 운동장에서 놀이를 하다 갈등을 조정하며, 서로를 존중하고 배려하는 법을 배운다. 쉬는 시간에는 새로운 놀이 방법을 찾아내고, 친구와 대화하며 공감과 소통한다. 이처럼 학습자상은 학교생활 전반에서 살아 숨 쉬는 기준이 되며 교사는 학생들이 학습자상에 익숙해지

22 PART 1 IB 이해하기

▶ 본문 중간에 페이지 이동 표시를 삽입하여 주요 용어가 설명된 다른 본문 부분으로 이동할 수 있도록 하였습니다. 이를 통해 내용에 대한 이해를 높일 수 있습니다.

✎ 아이들의 수준에 맞도록 자신의 중심 아이디어를 수정해 보세요.

중심 아이디어:

(저학년) ▶

(고학년) ▶

▲ 본문에서 설명한 수업 준비 사항을 선생님들께서 바로 적용하여 작성해 볼 수 있도록 하였습니다.

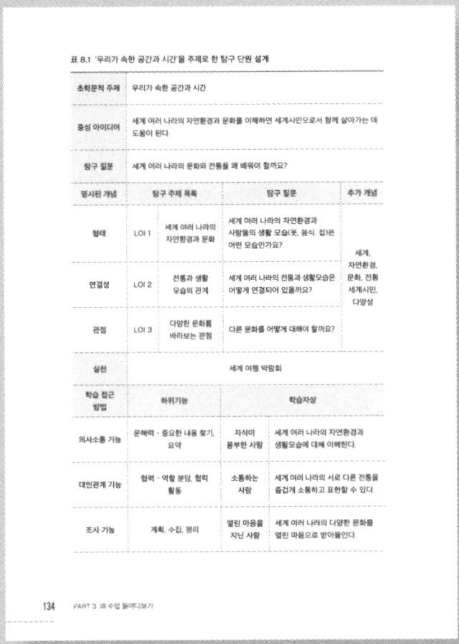

표 8.1 '우리가 속한 공간과 시간'을 주제로 한 탐구 단원 설계

초학문적 주제	우리가 속한 공간과 시간			
중심 아이디어	세계 여러 나라의 자연환경과 문화를 이해하면 세계시민으로서 함께 살아가는 데 도움이 된다.			
탐구 질문	세계 여러 나라의 문화와 전통을 왜 배워야 할까요?			
명시된 개념	탐구 주제 목록		탐구 질문	추가 개념
형태	LOI 1	세계 여러 나라의 자연환경과 문화	세계 여러 나라의 자연환경과 사람들의 생활 모습(옷, 음식, 집)은 어떤 모습인가요?	세계, 자연환경, 문화, 전통 세계시민, 다양성
연결성	LOI 2	전통과 생활 모습의 관계	세계 여러 나라의 전통과 생활모습은 어떻게 연결되어 있을까요?	
관점	LOI 3	다양한 문화를 바라보는 관점	다른 문화를 어떻게 대해야 할까요?	
실천	세계 여행 박람회			
학습 접근 방법	하위기능		학습자상	
의사소통 기능	문해력 - 중요한 내용 찾기, 요약		지식이 풍부한 사람	세계 여러 나라의 자연환경과 생활모습에 대해 이해한다.
대인관계 기능	협력 - 역할 분담, 협력 활동		소통하는 사람	세계 여러 나라의 서로 다른 전통을 즐겁게 소통하고 표현할 수 있다.
조사 기능	계획, 수집, 정리		열린 마음을 지닌 사람	세계 여러 나라의 다양한 문화를 열린 마음으로 받아들인다.

134 PART 3 IB 수업 들여다보기

▲ 실제 수업이 이루어진 단원 설계 사례를 참고할 수 있습니다.

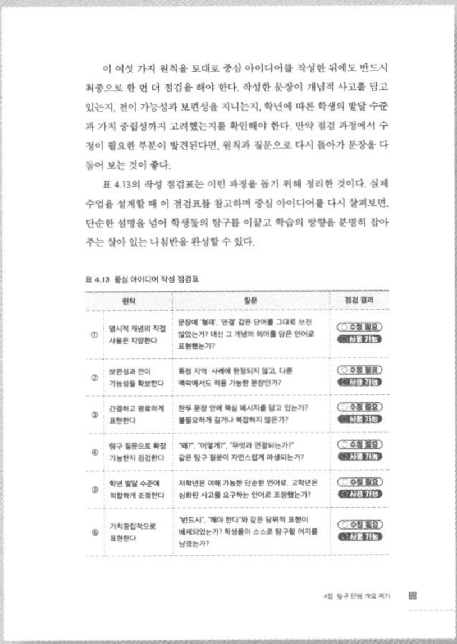

이 여섯 가지 원칙을 토대로 중심 아이디어를 작성한 뒤에도 반드시 최종으로 한 번 더 점검을 해야 한다. 작성한 문장이 개념적 사고를 담고 있는지, 전이 가능성과 보편성을 지니는지, 학년에 따른 학생의 발달 수준과 가치 중립성까지 고려했는지를 확인해야 한다. 만약 점검 과정에서 수정이 필요한 부분이 발견된다면, 원칙과 질문으로 다시 돌아가 문장을 다듬어 보는 것이 좋다.

표 4.13의 작성 점검표는 이런 과정을 돕기 위해 정리한 것이다. 실제 수업을 설계할 때 이 점검표를 참고하며 중심 아이디어를 다시 살펴보면, 단순한 설명을 넘어 학생들의 탐구를 이끌고 학습의 방향을 분명히 잡아주는 살아 있는 나침반을 완성할 수 있다.

표 4.13 중심 아이디어 작성 점검표

	원칙	질문	점검 결과
①	명시적 개념의 직접 사용은 지양한다	문장에 '형태', '연결' 같은 단어를 그대로 쓰진 않았는가? 대신 그 개념의 의미를 담은 언어로 표현했는가?	수정 필요 / 사용 가능
②	보편성과 전이 가능성을 확보한다	특정 지역·사례에 한정되지 않고, 다른 맥락에서도 적용 가능한 문장인가?	수정 필요 / 사용 가능
③	간결하고 명료하게 표현한다	한두 문장 안에 핵심 메시지를 담고 있는가? 불필요하게 길거나 복잡하지 않은가?	수정 필요 / 사용 가능
④	탐구 질문으로 확장 가능한지 점검한다	"왜?", "어떻게?", "무엇과 연결되는가?" 같은 탐구 질문이 자연스럽게 파생되는가?	수정 필요 / 사용 가능
⑤	학년 발달 수준에 적합하게 조정한다	저학년은 이해 가능한 단순한 언어로, 고학년은 심화된 사고를 요구하는 언어로 조정했는가?	수정 필요 / 사용 가능
⑥	가치중립적으로 표현한다	"반드시", "해야 한다"와 같은 당위적 표현이 배제되었는가? 학생들이 스스로 탐구할 여지를 남겼는가?	수정 필요 / 사용 가능

4장 탐구 단원 개요 짜기 69

▲ 수업 준비 과정에서 활용할 수 있는 점검표 양식과 활용 사례를 소개하였습니다.

사고를 가시화하는 도구: 마인드맵

마인드맵은 탐구의 전 단계에서 활용될 수 있으나 탐구 단계에 따라 목적이 다르다. 단원의 도입에서 마인드맵을 사용하는 이유는 학생들의 '진단 평가'의 목적으로 학생들이 주제에 대해 이미 알고 있는 배경지식이나 떠오르는 생각을 확인할 수 있기 때문이다. 이러한 결과물은 향후 수업 설계를 위한 자료로 활용될 수 있다.

호기심을 갖고 대화하는 활동: 호기심 테이블

탐구 주제와 관련된 다양한 실물, 사진, 도서 등의 자료를 모아둔 공간이다. 학생들은 이곳의 자료를 자유롭게 만지고 관찰하며 친구들과 생각을 나눈다.
이 활동의 핵심은 정해진 정답을 찾는 것이 아니라, 학생들의 순수한 호기심을 자극하는 데 있다. 학생들은 자신의 관찰을 바탕으로 스스로 질문을 만들어가도록 격려받으며, 이는 '탐구 열기' 단계에서 매우 효과적인 도입 전략이 된다.

▲ 설명이 필요한 활동·전략은 박스를 통해 더욱 자세하게 소개하였습니다. 다양한 수업 아이디어를 얻을 수 있습니다.

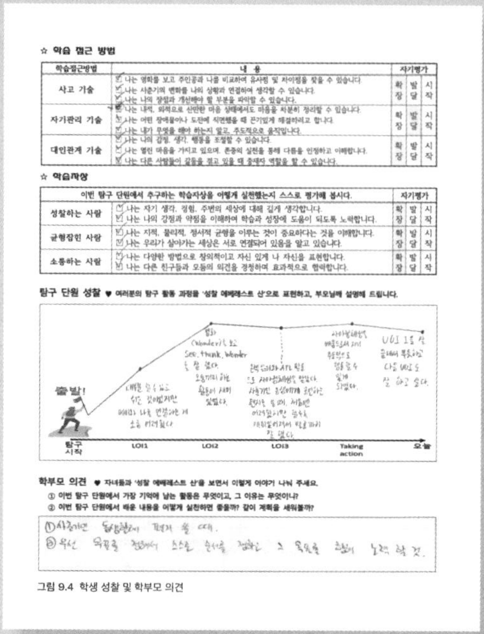

☆ 학습 접근 방법

학습접근방법	내 용	자기평가
사고 기술	나는 영화를 보고 주인공과 나를 비교하여 유사점 및 차이점을 찾을 수 있습니다. 나는 사춘기의 변화를 나의 상황과 연결하여 생각할 수 있습니다. 나는 나의 장점과 개선해야 할 부분을 파악할 수 있습니다.	확장 발달 시작
자기관리 기술	나는 내적, 외적으로 산만한 마음 상태에서도 마음을 차분히 정리할 수 있습니다. 나는 어떤 장애물이나 도전에 직면했을 때 끈기있게 해결하려고 합니다. 나는 내가 무엇을 해야 하는지 알고, 주도적으로 움직입니다.	확장 발달 시작
대인관계 기술	나는 나의 감정, 생각, 행동을 조절할 수 있습니다. 나는 열린 마음을 가지고 있으며, 존중의 실천을 통해 다름을 인정하고 이해합니다. 나는 다른 사람들이 갈등을 겪고 있을 때 중재자 역할을 할 수 있습니다.	확장 발달 시작

☆ 학습자상

이번 탐구 단원에서 추구하는 학습자상을 어떻게 실천했는지 스스로 평가해 봅시다.		자기평가
성찰하는 사람	나는 자기 생각, 경험, 주변의 세상에 대해 깊게 생각합니다. 나는 나의 강점과 약점을 이해하여 학습과 성장에 도움이 되도록 노력합니다.	확장 발달 시작
균형잡힌 사람	나는 지적, 물리적, 정서적 균형을 이루는 것이 중요하다는 것을 이해합니다. 나는 우리가 살아가는 세상은 서로 연결되어 있음을 알고 있습니다.	확장 발달 시작
소통하는 사람	나는 다양한 방법으로 창의적이고 자신 있게 나 자신을 표현합니다. 나는 다른 친구들과 모둠의 의견을 경청하며 효과적으로 협력합니다.	확장 발달 시작

탐구 단원 성찰 ♥ 여러분의 탐구 활동 과정을 '성찰 에베레스트 산'으로 표현하고, 부모님께 설명해 드립니다.

학부모 의견 ♥ 자녀들과 '성찰 에베레스트 산'을 보면서 이렇게 이야기 나눠 주세요.

① 이번 탐구 단원에서 가장 기억에 남는 활동은 무엇이고, 그 이유는 무엇이니?

② 이번 탐구 단원에서 배운 내용을 어떻게 실천하면 좋을까? 같이 계획을 세워볼까?

그림 9.4 학생 성찰 및 학부모 의견

▶ 다양한 활동지 작성 사례와 수업 사진들을 첨부해, 현장의 상황을 참고할 수 있습니다.

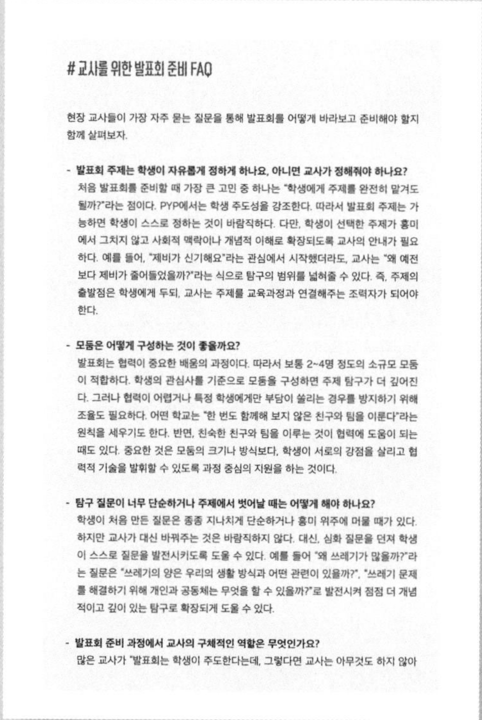

교사를 위한 발표회 준비 FAQ

현장 교사들이 가장 자주 묻는 질문을 통해 발표회를 어떻게 바라보고 준비해야 할지 함께 살펴보자.

- **발표회 주제는 학생이 자유롭게 정하게 하나요, 아니면 교사가 정해줘야 하나요?**
  처음 발표회를 준비할 때 가장 큰 고민 중 하나는 "학생에게 주제를 완전히 맡겨도 될까?"라는 점이다. PYP에서는 학생 주도성을 강조한다. 따라서 발표회 주제는 가능하면 학생이 스스로 정하는 것이 바람직하다. 다만, 학생이 선택한 주제가 흥미에서 그치지 않고 사회적 맥락이나 개념적 이해로 확장되도록 교사의 안내가 필요하다. 예를 들어, "제비가 신기해요"라는 관심에서 시작했더라도, 교사는 "왜 예전보다 제비가 줄어들었을까?"라는 식으로 탐구의 범위를 넓혀줄 수 있다. 즉, 주제의 출발점은 학생에게 두되, 교사는 주제를 교육과정과 연결해주는 조력자가 되어야 한다.

- **모둠은 어떻게 구성하는 것이 좋을까요?**
  발표회는 협력이 중요한 배움의 과정이다. 따라서 보통 2~4명 정도의 소규모 모둠이 적합하다. 학생의 관심사를 기준으로 모둠을 구성하면 주제 탐구가 더 깊어진다. 그러나 협력이 어렵거나 특정 학생에게만 부담이 쏠리는 경우를 방지하기 위해 조율도 필요하다. 어떤 학교는 "한 번도 함께해 보지 않은 친구와 팀을 이룬다"라는 원칙을 세우기도 한다. 반면, 친숙한 친구와 팀을 이루는 것이 협력에 도움이 되는 때도 있다. 중요한 것은 모둠의 크기나 방식보다, 학생이 서로의 강점을 살리고 협력적 기술을 발휘할 수 있도록 과정 중심의 지원을 하는 것이다.

- **탐구 질문이 너무 단순하거나 주제에서 벗어날 때는 어떻게 해야 하나요?**
  학생이 처음 만든 질문은 종종 지나치게 단순하거나 흥미 위주에 머물 때가 있다. 하지만 교사가 대신 바꿔주는 것은 바람직하지 않다. 대신, 심화 질문을 던져 학생이 스스로 질문을 발전시키도록 도울 수 있다. 예를 들어 "왜 쓰레기가 많을까?"라는 질문은 "쓰레기의 양은 우리의 생활 방식과 어떤 관련이 있을까?", "쓰레기 문제를 해결하기 위해 개인과 공동체는 무엇을 할 수 있을까?"로 발전시켜 점점 더 개념적이고 깊이 있는 탐구로 확장되게 도울 수 있다.

- **발표회 준비 과정에서 교사의 구체적인 역할은 무엇인가요?**
  많은 교사가 "발표회는 학생이 주도한다는데, 그렇다면 교사는 아무것도 하지 않아

▶ 탐구발표회에 관한 질문을 추려, 준비와 진행에 도움이 될 수 있게 구성하였습니다.

차례

PART 3 IB 수업 들여다보기 117

PART
1

IB 이해하기

최근 각 지역 교육청에서 IB 도입이 활성화되고, 많은 교사들이 IB가 무엇인지, 이를 어떻게 수업에서도 실현할 수 있을지 알고 싶어한다. IB 수업 설계를 하기 전, 왜 IB를 시작하게 되었고 왜 교육 현장에서 필요한지에 대한 이해가 우선되어야 한다. 그래야 우리나라의 맥락 속에서 필요한 이유를 이해하고, 적절하게 활용할 수 있기 때문이다.

IB 수업을 설계하고 실행하기 위해서는 IB에서만 활용하는 다양한 용어들에 대한 이해가 필요하다. 우리 교육과정에 없는 용어들이 많으며, 기본적인 접근 방식 또한 다른 점이 있어 이를 면밀하게 이해하는 것이 중요하다.

PART 1에서는 IB의 특징을 IB 초등교육프로그램(PYP) 모델을 통해 살펴보고자 한다. 용어의 의미와 이들이 어떻게 연결되어 구현되는지, 어떤 특징을 바탕으로 교육과정에 녹여내고 있는지에 대해 알아본다. 또한 IB를 처음 접하는 교사나 IB 수업을 이미 시작한 교사들이 오해하거나 혹은 어려워하는 부분을 고려하여 IB 수업 설계를 하기 위해 갖추어야 할 기본적인 것들을 안내한다.

1장 IB 프로그램 모델 알기

'IB'란 무엇일까? 교육 현장에서는 교육기관의 이름, 교육과정의 명칭, 교육과정 내 개별 프로그램의 이름으로 사용되기도 하는 등, 다양한 사용 맥락을 가지고 있다. IB는 International Baccalaureate(국제 바칼로레아)의 줄임말이다. 1968년에 비영리 교육 재단으로 설립되어 스위스 제네바에 본부를 두고 있으며, IB 프로그램을 이수한 학생들은 이를 인정하는 세계의 대학에 입학할 수 있는 자격을 얻게 된다.

IB의 네 가지 특징을 먼저 살펴보면 IB를 깊이 이해하는 데 도움이 된다. 첫째, 다양한 신념, 가치, 경험을 통해 배우면서 이해, 공감, 존중하는 마음을 바탕으로 평화롭고 지속 가능한 세상을 만드는 데 기여하는 사람으로 자랄 수 있게 한다. 둘째, 폭넓고 균형 잡힌, 개념적이고 연계성 있는 교육과정이다. 학생들이 삶 속에서, 또 전 세계적인 이슈를 통해 폭넓은 경험을 할 수 있도록 특히 초등 과정에서는 '초학문적 주제(Trans-displinary themes)'를 활용한다. 또 개념적 이해를 통해 깊이 있게 이해하도록 배우고, 삶과 연계된 실제적인 학습을 할 수 있게 한다. 셋째, IB에는 교사의 교수법의 원리가 되는 여섯 가지 교수 접근 방법('Approaches to Teaching', 이하 'ATT')과 학습하는 방법을 배우기 위해 학생들이 갖추고 있어야 할 다섯 가지 기능인 학습 접근 방법('Approaches to Learning', 이하 'ATL')을 활용한다. 넷째, 열 가지 학습자상(Learner Profile)으로 IB가 추구하는 목표를 구체적으로 나타내고 있다.

IB는 PYP(Primary Years Programme), MYP(Middle Years Programme), DP(Diploma Program), CP(Career-related Programme) 네 개 프로그램으로 구성되어 있다. 각각 초등 과정, 중등 과정, 고등 과정, 진로 연계 고등과정에 해당한다. PYP에서 시작해서 MYP, 그리고 DP나 CP로 이어지면서 단계별로 연속성 있는 교육과정을 구성한다.

PYP는 만 3세부터 12세까지(유치원부터 초등 6학년까지) 10년간 운영되는 프로그램이며, 탐구 기반 학습과 놀이를 통한 학습이 핵심이다. 즉, PYP에서는 '탐구'를 통해 개념적 이해의 토대를 다지고, MYP에서는 다양한 교과를 통합한 심화된 탐구학습으로 개념과 기능을 확장한다. DP와 CP에서는 학문적 깊이와 실용적 응용 능력을 고도화하게 된다.

그림 1.1 IB PYP 모델(출처: 경기도교육청(2023), 『IB 이해하기-PYP』.)

이처럼 IB는 한 프로그램에서 다음 프로그램으로 자연스럽게 이어지며, 학생들은 점진적이고 체계적인 개념 학습을 경험할 수 있다. 또한 프로그램들 사이에는 공통된 IB 학습자상, 그리고 학습 접근 방법(ATL), 교수 접근 방법(ATT)으로 일관성이 유지되며, 이 프로그램들이 결국에는 국제적 소양 함양에 모두 맞닿게 된다.

01 IB 교육의 목표: 국제적 소양과 IB 학습자상

국제적 소양

국제적 소양 함양은 IB 교육의 궁극적 목적이라 할 수 있다. 여기서 국제적 소양은 단순히 다양한 지식을 습득하는 것을 넘어서, 세계와 지역 사회를 하나로 연결하며 책임감 있는 삶의 태도를 기르는 것을 의미한다. 국제적 소양을 갖춘 인재 양성이 가장 잘 드러나 있는 IB의 사명문부터 살펴보자.

- IB의 목표는 서로 다른 문화를 이해하고 존중하며, 더 나은 평화로운 세상을 실현하는 데 기여할 수 있는, 지식이 풍부하고 탐구심과 배려심이 많은 청소년을 기르는 것이다.
- 이를 위해 본 기관은 학교 정부 및 국제 기구와 협력하여 국제적 수준의 교육과 엄격한 평가 시스템을 갖춘 도전적인 교육 프로그램을 개발하고 있다.
- IB 프로그램은 전 세계 학생들이 적극적이고 공감할 줄 알며, 서로 다름을 이해하고 존중하는 평생 학습자가 될 것을 장려한다.

출처: IBO(2020), 『IB 교육이란 무엇인가?』

이러한 사명은 추상적인 이념에 그치지 않고, 실제 학교 현장에서 길러야 할 구체적인 모습으로 제시하고, 이를 함양하고자 노력한다. 그 구체적인 모습을 학습자상으로 제시한다. 학습자상은 국제적 소양을 지닌 사람이 어떤 모습으로 살아가는지를 보여 주는 것으로, 사명문에서 말하는 이상을 학생들의 실제 태도와 행동으로 풀어낸 결과물이다. 따라서 IB 교육은 학생들이 이러한 학습자상을 균형 있게 발달시켜 나가도록 이끌며, 궁극적으로 국제적 소양을 갖춘 세계 시민으로 성장할 수 있도록 돕는다.

IB 학습자상

IB 학습자상은 학생들이 갖춰야 할 열 가지 자질을 구체적으로 정의한 것으로, IB 교육철학의 핵심이다.▶표 1.1 이는 IB가 추구하는 교육의 목표이기 때문에 IB 학교에서는 학생들이 학습자상과 더 친숙해지도록 관련된 활동을 한다.▶p.119

학생들은 학교생활을 하면서 학습자상을 항상 접하고 이를 실천한다. 수업 시간에 학생들은 궁금한 것을 찾고 조사하는 과정을 통해 탐구하는 사람으로, 자신의 탐구 문제를 분석하고 합리적인 결론을 도출하며 사고하는 사람으로, 협력 활동에서는 자기 생각을 명확히 표현하고 친구의 의견을 경청하며 소통하는 사람으로 발전한다. 또 수업을 마무리하며 자신의 강점과 약점을 돌아보는 활동에서는 성찰하는 사람, 모둠 속에서 친구를 격려하고 도와주는 과정에서는 배려하는 사람의 모습도 실천한다.▶p.72 현재 우리 나라의 학교에서도 일어나는 장면들이지만 IB에서는 각 상황마다 명시적으로 학습자상을 학생들에게 환기시키거나, 혹은 목표로 하는 학습자상을 수시로 언급하며 학생들이 행동을 바르게 변화시키고, 이를 지속적으로 실천할 수 있도록 이끈다.

수업 시간 외의 학교생활에서는 배려하는 사람, 균형 잡힌 사람, 원칙을 지키는 사람과 같은 공동체적 자질이 더욱 드러난다. 점심시간 급식을 받을 때는 차례를 지키고, 놀이를 하다 갈등을 조정하며, 서로를 존중하고 배려하는 법을 배운다. 쉬는 시간에는 새로운 놀이 방법을 찾아내고, 친구와 대화하며 공감과 소통한다. 이처럼 학습자상은 학교생활 전반에서 살아 숨 쉬는 기준이 되며 교사는 학생들이 학습자상에 익숙해지도록 명시

표 1.1 IB의 열 가지 학습자상과 세부 내용

열 가지 학습자상	세부 내용
탐구하는 사람	우리는 호기심을 키워 탐구하고 연구하는 능력을 향상시킵니다. 우리는 독립적으로 또 다른 사람과 함께 배우는 법을 압니다. 우리는 열정을 가지고 배움에 임하며 학습에 대한 열의를 늘 잃지 않습니다.
지식이 풍부한 사람	우리는 개념적 이해를 통한 성장을 지향하며, 다양한 학문의 지식을 탐구합니다. 우리는 지역적이고 세계적으로 중요한 사안들과 의견에 관심을 기울입니다.
사고하는 사람	우리는 비판적이고 창의적인 사고력으로 복잡한 문제를 분석하며 책임 있게 행동합니다. 우리는 합리적이고 윤리적인 의사결정을 주도합니다.
소통하는 사람	우리는 하나 이상의 언어와 다양한 방법으로 창의적이고 자신 있게 우리 자신을 표현합니다. 우리는 다른 개인과 집단의 의견을 경청하며 효과적으로 협력합니다.
원칙을 지키는 사람	우리는 공정성과 정의감을 바탕으로 인간의 존엄성 및 권리를 존중하며, 성실하고 정직하게 행동합니다. 우리는 우리 자신의 행동과 그 결과에 따른 책임을 집니다.
열린 마음을 지닌 사람	우리는 비판적인 사고를 통해 우리 고유의 문화와 역사를 바라보고 타인의 가치관과 전통을 수용합니다. 우리는 다양한 관점을 추구하고 평가하며, 경험을 통해 성장합니다.
균형잡힌 사람	우리는 자신과 타인의 행복을 위해 삶의 지적, 물리적, 정서적 균형을 이루는 것이 중요하다는 것을 알고 있습니다. 우리는 타인뿐 아니라 우리가 살아가는 세상과도 상호 의존함을 인지하고 있습니다.
배려하는 사람	우리는 서로 공감하고 격려하며 존중합니다. 우리는 봉사 정신을 갖고, 타인의 삶과 지역 사회에 긍정적인 변화를 도모합니다.
도전하는 사람	우리는 철저하게 계획하고 의사결정을 내려 불확실성에 도전하며, 독립적으로 또 협력을 통해 새로운 아이디어와 혁신적인 전략을 모색합니다. 우리는 도전과 변화에 맞서 굴복하지 않고 슬기롭게 대처해 나갑니다.
성찰하는 사람	우리는 세상과 자기 생각 및 경험에 대해 깊게 생각합니다. 우리는 개인의 학습과 성장에 도움이 되도록 우리 자신의 강점과 약점을 이해하려고 노력합니다.

출처: IBO(2020), 『IB 교육이란 무엇인가?』

적, 지속적으로 학습자상에 대해 안내할 수 있다.

또 학년과 공간에 따라 학습자상이 포함하는 의미는 조금씩 달라진다. 배려하는 사람을 예로 들어보면, 저학년에서는 친구가 넘어졌을 때 손을 내밀어 도와주는 모습으로 나타나고, 고학년에서는 조별 활동에서 의견이 다른 친구를 존중하며 대화를 이어가는 태도로 구체화된다. 탐구하는 사람이 저학년에서는 "왜 그럴까?"라는 질문을 던지는 사람이지만, 고학년에서는 지역 사회의 문제를 조사하고 해결 방안을 제시하는 탐구 활동을 하는 사람으로 확장된다. 교사는 이러한 차이를 고려하여 학생들이 발달 단계와 상황에 맞게 학습자상을 이해하고 실천할 수 있도록 안내해야 한다. 또 학생들이 단순히 학습자상을 배우는 데 그치지 않고, 수업과 생활 속에서 경험하고, 실천하며 성찰할 수 있는 기회를 제공해야 한다. 이렇게 학습자상은 학생 개개인의 성장을 이끌고, 결국 학생들이 국제적 소양을 갖춘 세계 시민으로 성장할 수 있도록 한다.

02 IB 교육의 방법: 초학문적 주제, 과목

초학문적 주제(Transdisplinary themes)

초학문적 주제는 학문을 넘어선 학생들의 삶에서 출발하는 질문을 말한다. 우리는 누구인가, 우리가 속한 공간과 시간, 우리 자신을 표현하는 방법, 세계가 돌아가는 방식, 우리 자신을 조직하는 방법, 우리 모두의 지구, 총 여섯 가지이다.▶그림 1.1 IB PYP에서는 각 학년마다 초학문적 주제 여섯 가지를 모두 한 번씩 다루며 '탐구단원'(Unit Of Inquiry, 이하 UOI)을 설계한다. 초학문적 주제에 대한 설명은 PART 2의 수업 설계에서 자세히 다룰

예정이다.▶p.48

교과군

IB PYP는 해당 학교가 소속되어 있는 국가의 교육과정 내용을 반영한다. 즉 우리나라에 있는 IB 인증학교는 우리나라 교육과정을 반영하여 프로그램을 설계·운영한다. IB PYP 모델 속에 있는 초학문적 주제를 중심으로 UOI를 설계하되 단원의 내용은 우리나라 교육과정을 배울 수 있도록 하는 것이다.

IB의 교과군은 '언어·사회·수학·예술·과학·체육·생활지도'로 제시된다. 따라서 초학문적 주제로 탐구단원(UOI)을 설계할 때는 이 교과군과의 연계를 전제로 한다. 중요한 것은 우리나라 교육과정의 성취기준을 참조해 설계에 반영하되, 단순 암기가 아니라 이해 중심·개념 중심의 배움이 이루어지도록 성취기준을 연결한다는 것이다. 이때 연결의 토대가 되는 것은 IB의 '명시적 개념'으로, 형태, 기능, 인과관계, 변화, 연결성, 관점, 책임 일곱 가지를 중심으로 깊이 있는 이해와 전이 가능한 학습이 일어나도록 설계한다. '명시적 개념'에 대한 상세한 설명도 PART 2의 수업 설계에서 다루어진다.▶p.57

03 IB 교육의 특징: 자기 주도성, 실행, 발표회

자기 주도성(Agency)

IB는 자기 주도성을 강조한다. 자기 주도성의 구성 요소는 '의견

(Voice)', '선택(Choice)', '주인의식(Ownership)' 세 가지다. 이는 학습에서 자신의 의견을 가지고, 자신의 학습을 선택하며, 학습에 주인의식을 갖는 것을 뜻한다. 주어진 대로만 따르는 학습은 주도성으로 보기 어렵다. 학습 내용에 대해 나의 의견과 생각을 지니고, 주제, 방향, 방법을 선택할 수 있어야 하며, 해당 학습에 대한 주인의식을 바탕으로 적극적으로 참여하고 협력하는 것이 필요하다.

IB는 학생이 자신의 역량에 대한 믿음을 가질 수 있도록 하는 학교와 교사의 지원이 중요하다고 보고 있다. 따라서 여러 가지 지원 방안을 구체적으로 제시하여 자기 효능감을 향상시킬 수 있도록 한다. 이렇게 자기 효능감을 기반으로 한, 자기 주도성이 발휘되는 탐구야말로 학생들에게 깊이 있는 배움을 가능하게 하고 국제적 소양을 지닌 사람으로서 성장하게 하는 밑거름이 된다.

실천(Action)

실천은 배움이 지식으로 머릿속에만 남지 않고, 행동으로 나타나게 해야 한다는 의미이다. IB PYP 운영 사례를 보면, 학생들이 배운 것을 삶 속에서 실천해 보거나, 학교나 지역 사회를 위해 기여할 수 있는 일을 행동으로 옮기는 활동이 포함된다. 실천의 예는 매우 다양하다. 나의 태도나 습관을 바꾸는 개인적인 변화에서 시작해, 학급이나 학교에 적극적으로 참여하는 일, 환경 보호 캠페인처럼 다른 사람의 권리나 목소리를 대변하는 일, 불평등 문제에 대해 목소리를 내고 행동하는 일, 사회적 혁신을 위해 새로운 방법을 찾고 문제해결을 해 보는 일까지 스펙트럼이 매우 넓다. 결국 이 실천은 자기 주도성 발휘의 핵심이며, 자발적이고 지속적으로 이루어진다. 또한 삶, 그리고 세계적 맥락과 연결되어 긍정적인 변화를 만들어 낸다는 공통적인 특징이 있다.

발표회(Exhibition)

발표회는 PYP의 핵심적인 마무리 활동으로, PYP에서 학습한 것을 종합해 보여 준다. PYP 과정을 이수한 학생들은 마지막 해에 스스로 선택한 주제를 협력적으로 탐구하고, 그 결과를 발표한다. 단순한 전시회가 아니라 학생들이 자발적이고 주도적으로 선정한 주제와 열정적으로 탐구한 결과를 발표하고 나누는 장이다. 학생들은 학교 선생님 중 한 명을 멘토 교사로 삼아 자유 탐구활동을 진행하고, 그 결과를 발표회에서 발표한다. 이러한 발표회는 IB PYP의 정점이라 할 수 있다.▶p.172

04 학습 접근 방법, 교수 접근 방법, 평가

학습 접근 방법(Approches To Learning, ATL)

ATL은 PYP, MYP, DP에서 공통으로 강조하는 핵심 요소로, 학습자가 평생에 걸쳐 독립적이고 자기주도적인 학습자가 될 수 있도록 돕는 기능이다. IB의 학습 접근 방법(Approches To Learning, 이하 ATL)은 학생들이 갖추어야 할 역량이 된다. 역량이란 단순한 지식이나 기능이 아니라, 지식·기능·가치·태도가 통합된 능력을 의미한다. 학생들은 ATL을 익히고 학습 상황에서 적절하게 활용하며 나아가 평생에 걸쳐서 잘 활용하게 된다. ATL에는 사고 기능, 조사 기능, 의사소통 기능, 대인관계 기능, 자기 관리 기능이 있으며, 각각의 하위 요소를 자세하게 제시하고 있다.▶표 1.2

표 1.2 ATL 분류 및 하위 기능

기능	하위 기능
사고 기능	비판적 사고 기능, 창의적 사고 기능 등
조사 기능	정보 문해 기능, 미디어 문해 기능 등
의사소통 기능	정보 교환 기능, 문해력 등
대인관계 기능	사회 정서적 지능, 긍정적인 대인 관계를 맺고 협력하는 기능 등
자기 관리 기능	관리 기능, 마음가짐 등

출처: IBO(2020), 『IB 교육이란 무엇인가?』

하나의 예를 들어 보면, ATL의 자기 관리 기능은 '회복 탄력성'을 하위 항목으로 두고 있다. 이는 우리나라 교육과정에서 쉽게 찾기 어려우나, 학생들이 학습을 위해서 알고 있고, 할 수 있어야 하는 부분으로 IB가 명시적으로 학습 접근 방법(ATL)에 포함시켰다는 것은 우리 교육 현장에 시사점이 큰 부분이다. 이렇듯 IB의 학습 접근 방법(ATL) 목록에는 이를 함양하기 위한 세부 내용으로 학생들이 무엇을 할 수 있도록 지도해야 하는지 구체적으로 안내하고 있어 탐구단원(UOI)를 설계할 때 적절하게 활용할 수 있다.▶p.70 또 이러한 구체적인 안내와 지도를 통하여 학생들은 학습하는 방법을 익히게 되고 이것은 앞으로 평생 학습자가 되는 밑거름이자, 자신의 삶 속에 일어나는 다양한 문제를 해결해 나가는 역량이 된다.

교수 접근 방법(Approches To Teaching, ATT)

IB의 교수 접근 방법(Approches To Teaching, 이하 ATT) 여섯 가지는 탐구에 기반, 개념적 이해의 강조, 지역과 세계적 맥락에 연결, 효과적인 팀워크와 협력의 강조, 학습의 방해 요소를 제거, 평가 정보의 활용이다(IBO, 2020).

개념적 이해는 학생들이 '무엇을 아는가'를 넘어 '왜 그런가', '어떻게 적용할 것인가'에 초점을 맞춘다. 사실에서 패턴을 찾고, 사실 간 관계를 파악해 일반화하며, 이를 다양한 맥락에 적용해 새로운 지식을 창출하거나 문제를 해결할 수 있는 능력을 키운다. 개념적 이해를 이끌어 내는 핵심은 바로 '탐구학습'이다. 탐구에 기반한다는 것은 탐구를 통해 학생들이 스스로 질문을 던지고, 정보를 수집·분석하며, 자신만의 결론을 도출하는 과정을 근간으로 한다는 의미이다. 이때 교사는 지식을 '전달'하는 사람이 아니라, 학생들이 스스로 '발견'할 수 있도록 돕는 조력자이자 촉진자 역할을 한다. 학생들은 탐구 과정에서 비판적으로 사고하고, 문제를 해결하며, 자신만의 시각을 형성하는 능력을 기른다. 결국 탐구는 개념적 이해를 심화하는 아주 강력한 도구가 된다.

지역과 세계적 맥락에 연결은 개념적 이해로 배운 내용이 실생활, 삶과의 연결과 긴밀하게 연결되도록 하라는 것이다. 예를 들어 교실에서 교과서의 내용에 국한되어 전달식의 수업을 한다면 학생들은 지금 배우는 것이 '삶에 의미 있는 학습 경험'이라는 것을 알지 못한 채 수동적으로 받아들이게 된다. 하지만 학습 과정에서 해당 부분이 삶과 연계되어 있음을 안내하거나 혹은 삶과 관련된 실생활에서 학습할 수 있는 기회를 제공한다면, 학생들은 더욱 주도적으로 학습에 몰입할 수 있을 것이다. 나아가 이 문제를 우리 지역과 우리나라를 넘어 세계와도 연결할 수 있다. 이는 IB의 국제적 소양 함양이라는 목표와 맞닿는다.

효과적인 팀워크와 협력의 강조는 학생들 간의 팀워크뿐만 아니라 교사와 학생 간의 협력적 관계 또한 중요한 부분으로 다루고 있다. 교사와 학생 간의 협력적 관계는 무엇을 의미할까? 단순히 학습 과정에서 모르는 문제에 대해 교사의 도움을 받거나 탐구 활동 중 어려운 부분에 대해 조언을 구하는 것을 넘어, 교사와 학생의 관계가 서로 존중하고 협력하며 함께 배움을 설계한다는 의미를 담고 있다. 교사는 어른으로서 학생들을 도와줄 뿐만 아니라 학생의 진정한 성장과 발달을 위하여 다양한 교수학습 전략을 활용하고, 학생들의 사고를 스캐폴딩할 수 있는 질문이나 자료를 제공하며 지속적인 협력으로 학습할 수 있도록 해야 한다. 또한 학생도 교사와 함께 학습 내용이나 평가를 설계하는 데 적극적으로 기여해야 한다.

학습의 방해 요소를 제거하는 것은 학생들이 가진 다양성(성별, 언어, 장애 등)을 포용하고 존중하며, 나아가 개개인의 특성을 고려하여 각자가 세운 목표를 향해 나아가는 수업을 설계하도록 안내하는 것을 말한다. 교사는 학생들이 목표를 설정하고 주도성을 가지고 탐구하는 과정에서 겪을 수 있는 학습의 방해 요소를 제거하고, 주도적으로 탐구하고 배울 수 있는 환경을 조성하도록 해야 한다.

평가 정보의 활용은 일반적으로 생각하는 평가 결과를 학생의 성취 수준으로 생각하고 이를 통해 학생의 수준을 판가름하고, 가정에 통지하고, 생활기록부 등에 기록하는 데에 그치지 않아야 한다. 학생의 진정한 성장을 위한 밑거름으로 활용해야 함을 항상 염두에 두어야 한다. 이 내용은 아래에서 더 자세하게 다루고자 한다.

평가

IB 평가는 지속적이고 다양한 방법으로 실시되며, 균형 잡힌 타당성과 신뢰성을 바탕으로 학생들의 성장에 큰 이바지를 하고 있다. 특히 IB PYP의 평가는 결과 중심의 평가라기보다는 학생들의 수행을 적극적으로 돕기 위한 지속적인 평가를 강조한다. UOI를 설계할 때도 단원에서 학생들이 꼭 알아야 할 것과 할 수 있어야 할 것을 바탕으로 평가를 함께 설계한다. 수업 중에도 교사는 끊임없이 학생을 모니터링하고 피드백한다. 평가 결과를 안내하는 방식은 학교마다 다르며, 학생들이 참여하는 방식도 현재 우리나라의 방식과 차이가 있다.

IB 평가에는 학습 모니터링, 학습 기록, 학습 측정, 학습 보고의 네 가지 차원이 있다. 학습 모니터링은 학생의 학습을 관찰하는 것으로, 다양한 전략을 통해 매일 이루어진다. 학습 기록은 학습 로그 또는 일지, 학습 이야기, 포트폴리오 등의 형태로 모으며, 이것을 다른 사람들과 공유해 학습을 가시화하고 명확하게 한다. 학습 측정은 특정한 '시점'에서의 학습 내용을 측정하는 방법이다. 또한 학습 보고를 통해 교사뿐만 아니라 학부모와 학교가 학생의 성취 정도, 학습 상황 등을 파악하며, 이 결과는 학생들에게 더욱 적절한 학습이 이루어질 수 있도록 교사에게 도움을 준다. 이 중에서는 모니터링의 비중이 가장 크다. 평가는 서열화나 점수화가 아니라 다양한 활동들과 결과물, 교사의 질문 등을 통해 학생들이 목표를 얼마나 달성해 가는가를 지속적으로 파악하고, 모니터링된 내용에 따라 더 필요한 도움을 제공하는 것에 목적을 두고 있다. 평가에 대해서는 PART 2의 평가 계획 세우기▶p.76에서 더 자세히 다룰 예정이다.

2장 IB 탐구 프로그램과 탐구 단원

01 IB 탐구 프로그램

우리나라 교육과정과 학제에 맞추어 운영되고 있는 IB 탐구 프로그램(Programme of Inquiry, 이하 POI)을 살펴보자. IB PYP의 프로그램 기준 및 운영 방안에 따르면, IB PYP를 운영하는 모든 학교는 학년별로 여섯 가지 초학문적 주제와 연결된 탐구 단원(Unit of Inquiry, 이하 UOI)을 개발해야 한다.▶그림 2.1 따라서 IB PYP의 POI는 초등학교 1학년부터 6학년까지 총 여섯 학년에서 여섯 개의 초학문적 주제를 골고루 다루어, 총 서른여섯 개의 UOI로 구성된다.

POI는 단순히 학년별 단원의 나열이 아니다. 학교 전체가 지향하는 교육철학과 가치관을 구현하는 구조이다. 교사가 하나의 UOI 개요를 작성하는 과정은 곧 학교의 전체 POI를 완성하는 핵심 단계이며, 이는 일반적인 수업 준비를 넘어선다. 각 UOI에서 선택된 중심 아이디어와 명시된 개념, 학습자상, ATL은 학년 간의 연계성과 학습의 발전 단계를 고려하여 작성한다. 이를 통해 학생들은 일관된 학습 경험을 이어갈 수 있다.

UOI와 POI는 학생들이 다양한 맥락 속에서 지식과 개념을 통합적으로 배우도록 하며, 궁극적으로 IB 학습자상이 지향하는 전인적 인간을 기르는 토대가 된다. 이렇듯 POI는 '폭넓고 균형 잡힌, 개념적이고 연계성 있는 교육과정'이라는 IB의 특징과 밀접하게 맞닿아 있다.

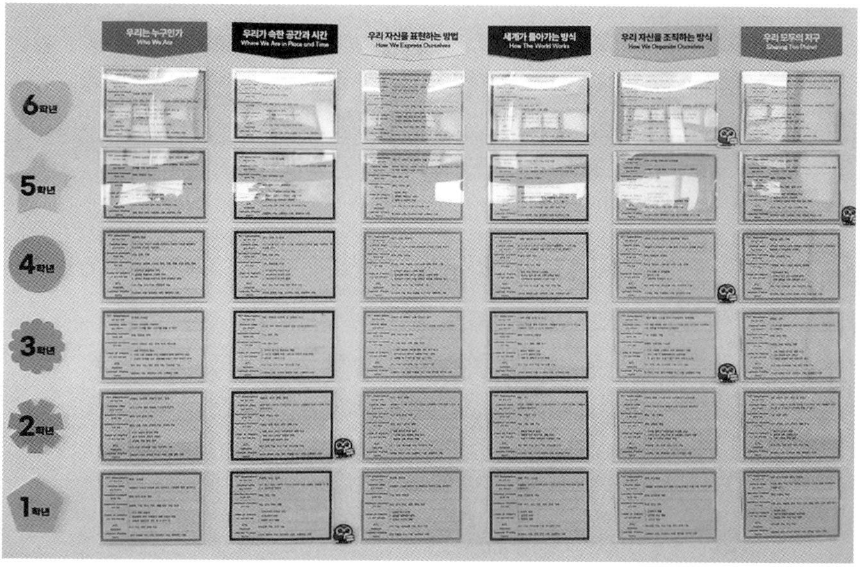

그림 2.1 서울구로초등학교의 POI

02 탐구 단원: 탐구 단원 요소

IB PYP의 UOI는 학습을 구조화하는 핵심 요소이며, POI를 구성하는 각각의 개별적인 단원이 된다. UOI는 쉽게 말해 초학문적 주제 아래의 각 학년별 탐구 단원이라고 할 수 있다. 이 안에는 IB만의 여러 특징이 담긴다. 또 학생들이 배운 내용을 삶으로 전이할 수 있도록 하는 개념적 이해를 추구하고, 전통적인 교과목의 경계를 넘어 지식을 통합하며 실제로 탐구가 이루어지도록 설계된다. 이를 통해 학생들은 배운 내용을 실제 학습과 연결시키는 실제적 학습(Authentic Learning)의 기회를 얻게 된다. UOI를 설계할 때 고려하는 요소는 표 2.1과 같다.

이러한 요소들은 각각 따로 떨어져 있는 것이 아니라 중심 아이디어(Central Idea)를 중심으로 유기적으로 연결된다. 학생들이 중심 아이디어

표 2.1 UOI 설계 시 고려해야 할 요소

초학문적 주제	여섯 가지 주제 중 하나
중심 아이디어	학생들이 이번 단원에서 집중적으로 알게 될 개념적 이해를 문장으로 나타낸 것
명시적 개념	IB PYP에서 제시한 일곱 가지 명시적 개념(기능, 형태, 인과관계, 변화, 연결성, 책임, 관점) 중 두세 가지
개념	중심 아이디어 도달을 위해 필요한 명시적 개념보다는 더 좁은 의미의 개념(마이크로 개념)
탐구 주제 혹은 탐구 주제 목록	중심 아이디어 도달을 위한 배울 목록으로 소단원과 유사한 의미하며, 각 소단원은 앞의 명시적 개념 하나씩을 포함하며 이를 바탕으로 탐구 주제가 추구하는 방향을 제시
학습자상	해당 UOI와 관련된 두세 개의 학습자상을 선택
학습 접근 방법	다섯 가지 학습 접근 방법의 영역 중에서 선택 그 하위 요소까지 명시적으로 제시

에 도달하게 하기 위해 명시적 개념과 개념을 가지고 탐구하도록 하는데, 이것이 탐구 주제(Lines of Inquiry, 이하 LOI)를 구성하는 핵심축이 된다. 하나의 UOI 안에는 두세 개의 탐구 주제가 포함되며 이를 탐구 주제 목록이라고도 한다. LOI는 중심 아이디어에 도달하기 위한 명시적 개념을 포함하고 있으며, 이를 활용해 세부적인 학습활동으로 설계된다. 또 선정한 ATL을 명시적으로 안내하고 학생들이 이를 탐구하며 활용할 수 있도록 한다. UOI에서 지향하는 학습자상도 먼저 계획하는데 중심 아이디어에서부터 명시적 개념, 개념, LOI, ATL 등을 모두 고려하여 UOI가 지향하는 바, 즉 학습자상을 결정한다. 이러한 면에서 보면 IB 교육은 교육의 목적이라 할 수 있는 학습자상을 각 단원과 연계하여, 그 목적을 향해 체계적으로 나아가고 있음을 알 수 있다.

03 탐구 사이클

탐구 사이클로 UOI를 설계하는 가장 큰 이유는 학습자 주도성을 강화하고, 개념적 이해를 통해 전이 가능성을 넓히기 위해서다. IB 교육은 무엇을, 어떻게 배울지 학생이 주도적으로 결정하고, 개념적 이해를 삶에 적용해 전이하며 주도적인 삶을 살도록 하는 것을 목표로 한다. 또 지식의 전달에 머무르지 않고, 학생이 개념을 통해 지식을 구조화한 뒤 탐구한 결과를 실생활에 연결해 행동하고 실천하는 것을 중시한다는 점에서도 이 방향과 일치한다.

IB의 교수·학습은 탐구를 기반으로 하며 개념적 이해를 중심에 둔다. 이러한 방향은 레이첼과 마셜이 제시한 개념 기반 탐구학습과 일치한다. 레이첼과 마셜에 따르면, 개념 기반 탐구학습은 개념 중심 교육과정과 탐구학습을 결합한 접근으로, 학생들이 여러 지식이나 사례 속에서 공통점이나 패턴을 발견하여 개념을 이해하고, 이어서 개념과 개념을 연결해 더욱 깊은 개념적 이해에 도달하도록 돕는 학습이다. 이를 위해 탐구 사이클 ▶그림 2.2을 활용하는데 '관계맺기' 다음에 '집중하기', 그 다음에 '조사하기'

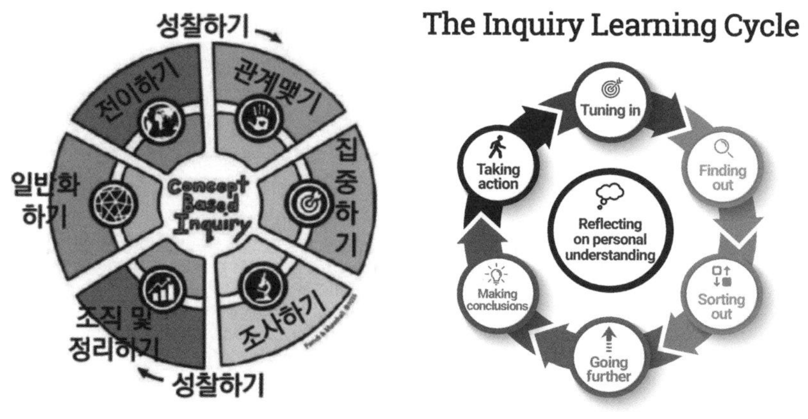

그림 2.2 탐구학습 모형의 비교(Marschall & French의 탐구 사이클[왼쪽]과 Kath Murdoch의 탐구 사이클[오른쪽])

처럼 고정된 순서로만 진행하는 것이 아니라, 비선형적으로 필요에 따라 원하는 단계로 이동해 학습할 수 있다. 특히 '성찰하기'는 어떤 부분에서든 활용이 가능하다.

이뿐만 아니라 IB의 탐구 사이클이라고 하면 흔히 캐스 머독(Kath Murdoch)의 탐구 사이클을 떠올리기도 한다.▶그림 2.2 이 모형은 개념 기반 탐구학습 모형과 마찬가지로 단계를 비선형으로 진행할 수 있고, 학습자가 주도적으로 학습한다는 점이 특징이다.

두 모형을 근간으로 하여 각 IB 학교들은 학교의 특색에 알맞은 탐구 사이클을 개발하여 활용할 수 있다. 학교마다 각각 다른 탐구 사이클을 가질 수 있으며, 이를 토대로 UOI를 설계한다.▶그림 2.3 따라서 두 모형을 잘 이해해 두면 IB PYP의 UOI의 흐름을 이해할 수 있고, IB 수업의 의도와 교사의 스캐폴딩 등을 통한 학생들의 주도적 탐구활동도 명확하게 알 수 있다.

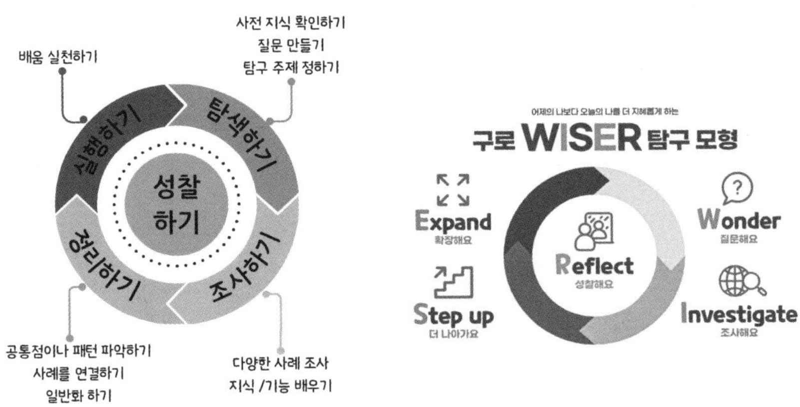

그림 2.3 제주 풍천초등학교(왼쪽)과 서울구로초등학교(오른쪽)의 탐구 사이클

3장 IB 수업을 설계하기 위한 교사의 준비

지금까지 IB의 개요와 기본적인 요소를 알아보았다. 그러나 IB의 철학, 용어를 이해했다고 해서 곧바로 수업 설계를 할 수 있는 것은 아니다. IB 수업이 어렵게 느껴지는 이유가 바로 여기에 있다. 본격적으로 수업 설계에 들어가기 전에 교사는 개념 기반 탐구학습의 이해, 사고 전략의 이해, 학생에 대한 관점의 변화, 그리고 학생 성장을 위한 평가의 관점을 갖추어야 한다. 만약 IB UOI 설계와 관련된 용어가 많아 헷갈린다면 앞부분을 여러 번 정독하고, 용어들을 명확하게 이해하는 것이 도움이 된다.

01 개념 기반 탐구학습에 대한 이해

IB 수업의 근간은 개념 기반 탐구학습이라 할 수 있다. 생소하게 느껴진다면 개념 기반 교육과정에 대한 이해와 개념 기반 탐구학습에 대한 충분한 이해가 필요하다. 개념 기반 교육과정은 지식의 단편적 암기가 아닌 보편적인 개념과 이해를 중심으로 학습을 설계한다. 학습자가 스스로 질문하고 탐구하여 깊이 있는 이해를 형성하도록 돕는 것이다. 이를 이해하기 위해 개념과 사실의 구분, 지식과 과정의 구조, 개념과 개념 간의 관계인 일반화 문장, 개념 기반 탐구학습의 단계 등을 알아두어야 한다. IB의 UOI 설계와 실행을 위해 빠질 수 없는 요소이기 때문이다.

개념 기반 교육과정이나 개념 기반 탐구학습에 대한 도서는 주로 번역본이라 한 번 읽어 깊이 있게 이해하기는 어렵다. 따라서 『개념기반 교육과정과 수업』(박영스토리, 2023), 『생각하는 교실을 위한 개념기반 교육과정 및 수업』(학지사, 2019), 『개념 기반 탐구학습의 실천』(학지사, 2021) 등의 관련 자료 등을 옆에 두고 펼쳐 보며 단원을 설계하는 것을 추천한다.

02 사고 전략에 대한 이해

서양에서는 수업에서 생각하는 과정을 눈에 보이도록 전략화하여 사용하게 한다. 이는 학생이 사고하는 과정을 명시적으로 배우고 이러한 과정이 학생의 학습 속에서 언제나 자발적으로 사용될 수 있게 습관화하도록 돕는 것으로, 단순히 수업을 원활하게 진행하기 위한 방법에서 나아가 학생들이 스스로 생각하고 행동해야 할 때 어떻게 사고를 전개할 수 있을지 미리 사고를 습관화해 두는 것이라 할 수 있다. 이와 관련된 다양한 전략이 있으니 관련 도서 혹은 자료들을 통해 살펴보고 익혀 두면 좋다. 뒤에서 설명하는 See-Think-Wonder▶p.98뿐만 아니라 3-2-1 Bridge, 스펙트럼 진술문 등 사고 전략은 종류가 매우 다양하다. 『생각이 보이는 교실』(사회평론아카데미, 2023), 『깊이 있는 학습을 위한 탐구 기법』(박영사, 2025) 등의 책이 도움이 된다. 이때 주의해야 할 점은 학생들에게 많은 사고 전략을 알려 주는 것이 목적이 아니라는 점을 명심해야 한다. 한 학년 안에 몇 개의 전략만이라도 학생들이 완벽하게 습득할 수 있도록 반복적으로 활용해야 한다.

외국의 어느 IB 학교에서는 한 학년에 한두 개 정도의 사고 전략을 지도하고, 학생들은 학교를 졸업할 때 열 개가 조금 넘는 수의 사고 전략을 배운다고 한다. 따라서 교사는 내가 가르치는 학생들에게 더욱 잘 맞는 사고 전략이 무엇인지 고민하고 적용해야 한다.

또 한 가지 중요한 점은 활용 방법이다. 각 사고 전략은 그저 단순한 기법이 아니다. 예를 들어 See-Think-Wonder 전략을 활용할 때는 사진, 영상, 상황을 보고(See) '관찰한 것을 바탕으로' 기록하고, 그 관찰한 것을 바탕으로 '생각한(Think) 것', '궁금한(Wonder) 것'을 적어야 한다. 보이는 것을 바탕으로 학생의 생각을 기록하고, 또 그 생각을 바탕으로 궁금한 점을 끌어내야 한다는 것이다. 보이는 것과 무관하게 갑자기 떠오른 생각이나 궁금증을 적는다면 이 사고 전략을 잘 활용했다고 하기 어렵다. 따라서 활동지만 가지고 단순하게 접근할 것이 아니라, 각 전략의 사고 루틴 목표와 활용 방법을 충분히 탐구하는 것이 중요하다.

03 탐구 수업에 대한 이해

탐구활동을 중요하게 생각하는 IB 교육에서, 교사가 어디까지 학생에게 주도권을 부여할지 결정하는 일은 중요하다. 학생을 더 이상 배움을 수동적으로 받아들이는 존재로 보지 말아야 한다. 배움의 목표를 함께 설정하고, 무엇을 배울지, 어떻게 배울지, 무엇을 평가할지를 교사와 함께 협력하며 수업을 설계해 나가는 존재로 인정해야 한다. 특히 IB 수업에서는 학생들이 어느 정도의 주도성을 가지느냐와 학생들이 결정할 수 있는 폭이 얼마나 되는지에 따라 탐구를 분류한다. 이는 구조화된 탐구, 통제된 탐구, 안내된 탐구, 개방형 탐구로 나뉜다.

구조화된 탐구(Structured Inquiry)란 교사가 요리 레시피처럼 질문, 절차, 자료까지 모두 제공하고 학습자는 정해진 절차를 따라 탐구 활동을 수행하는 것이다. 통제된 탐구(Controlled Inquiry)는 교사가 탐구 조건(변인, 절차 등)을 엄격히 통제하고, 학생은 관찰, 기록 등의 제한된 활동만 수행

한다. 안내된 탐구(Guided Inquiry)는 교사가 질문만 제공하고 학생이 실험 설계, 자료 수집 및 해석을 스스로 진행한다. 마지막으로 개방형 탐구(Open Inquiry)는 질문부터 절차, 해석까지 전적으로 학생이 주도하며, 모든 탐구 과정을 스스로 계획하고 실행한다.

IB 학교는 학생이 탐구에 대한 주도권을 더 많이 가지는 개방형 탐구로 단원을 설계하고, 교사는 촉진자의 역할을 하는 경우가 많다. 하지만 처음부터 개방형 탐구를 잘 수행하기는 어렵기 때문에, 구조화된 탐구나 통제된 탐구에서부터 안내된 탐구, 개방형 탐구로 점진적으로 나아가는 것이 좋다. 이렇게 하면 탐구에 익숙하지 않은 학생을 어떻게 지도해야 할지 몰라 생기는 교사의 혼란을 줄일 수 있다.

또 학생들의 준비 없이 개방형 탐구 수업을 진행하면 학생들은 탐구 주제나 탐구 질문 선정부터 어려움을 겪는다. 탐구 질문은 어떻게 만드는지, 모든 궁금증이 탐구 질문이 될 수 있는지 등에서 혼란스러워 한다. 교사도 마찬가지이다. 학생들이 수업과 관련 없는 탐구 질문만을 생성하면 당황하게 되고, 질문이 원활히 만들어지지 않으면 학생들에게 주도성을 주는 탐구 수업이 무리였다고 판단해, 포기하기 쉽다. 이런 생각은 IB 수업 자체에 대한 포기로 이어지기도 한다. 따라서 학생과 교사 모두 탐구 준비가 필요하므로 천천히 가더라도 구조화된 탐구에서부터 시작하는 것을 추천한다. 또 탐구가 익숙해진 뒤에도 학생의 상태와 수준, 학습할 내용 등을 살펴보고 어떠한 탐구 유형을 적용할지 결정하는 것이 좋다.

마지막으로 탐구 수행의 바탕이 되는 기초 소양을 함양하는 것도 중요하다. IB UOI 안에서 발표 자료 제작, 실험 설계 등에 필요한 학습 기능인 ATL을 지도할 수도 있다. 이러한 학습 기능이 바탕이 되어야 학생들은 하고 싶은 탐구를 위한 실험 설계를 주도적으로 진행하고, 탐구 결과도 자신의 언어로 명확하게 정리할 수 있다.

04 평가에 대한 생각의 전환

우리나라에서는 '과정 중심 평가'라고 하여, 학생의 성장과 발달을 위해 학습의 과정을 관찰하고 이에 대해 피드백을 제공하여 학생들이 목표에 도달하도록 하는 것을 중요시한다. 이를 머리로만 이해하는 것이 아니라 교사의 행동 및 실천에도 적극적으로 반영하여야 한다. 실제로 학교 현장에서는 과정 중심 평가의 관점으로 평가 계획을 제출하고도, 단원의 마무리에서는 학생의 시험점수를 기준으로 하는 좁은 의미의 총괄평가만 실시하는 경우가 있다. 학생의 수행 단계를 보며 중간중간 평가를 하고, 적절한 피드백으로 최종적으로 단원 목표에 도달하게 하는 경우는 생각보다 많지 않다. 과정 중심 평가를 알고 있어도 기존의 평가 패러다임에서 벗어나지 못하는 것이다.

IB 평가는 모니터링이 가장 많은 부분을 차지한다. 모니터링에서 가장 우선시되는 것이 매일매일 학생을 관찰하는 것이다. 실제 IB 학교 수업에서는 매시간 학생을 모니터링하고 이를 잘 기록해 두었다가 다음 시간에 어떠한 피드백을 줄지 계획해 놓는 교사도 많았다. 또 학생들도 교사를 '성적을 매기는 사람'이 아니라 '탐구에서 도움을 주는 조력자'로 생각하여 탐구활동의 수행 과정에서 생긴 어려움을 편하게 질문하기도 했다. 교사는 모니터링으로 수집한 정보를 바탕으로 학생의 탐구가 원활하게 이루어지도록 스캐폴딩하는 질문을 하거나 필요한 도움을 준다. 수행 과정을 '평가'한다기보다, 수행 과정을 모니터링하고 혹시나 탐구가 어려운 학생들은 없는지, 다른 방향으로 가고 있지는 않은지 '피드백'해 준다는 적극적인 생각의 전환이 필요하다. 한 학기 결과를 통지할 때도 우리나라처럼 통지표에 내용을 작성하여 집으로 결과를 보내는 것에만 그치지 않고 학생, 교사, 학부모 모두 적극적으로 참여한다. 학생이 직접 한 학기 동안의 배움을 직접 설명하고, 학부모의 피드백을 포함하는 방식이다. 이처럼 학생의 진정한 성장과 발달을 위한 평가 시스템이 필요함을 이해하고, 이를 IB 수업에 반영해 실천해야 한다.

수업 설계 전 교사가 알아야 할 네 가지를 잘 이해했다면 IB 수업에 시작을 위한 기본 준비는 잘 갖추었다고 할 수 있다. 이어지는 2부에서는 실제 IB 수업 설계 과정을 자세히 안내한다. 기존 관점에서 벗어나 새로운 관점으로 IB 수업 설계에 도전해 보자.

PART 2

IB 탐구 단원 설계하기

IB의 탐구 프로그램인 POI는 1학년부터 6학년까지 실제 탐구 수업으로 진행되는 서른여섯 개의 UOI로 이루어진다. 우리가 IB 학교에서 수업을 참관할 때 보는 장면은 대부분 UOI가 진행되는 과정이다. 그래서 IB 교사라면 수업과 가장 직접적으로 연결되는 UOI 설계를 가장 궁금해할 수밖에 없다.

UOI를 설계한다는 것은 학교가 만든 POI를 학년별 학생들이 실제로 경험할 수 있도록 구체화하는 일이다. 다시 말해, 교사가 작성하는 탐구 단원 설계서는 POI의 목표와 방향을 교실 수업에서 살아 움직이게 하는 안내서와 같다. 교사는 동학년과 협력하여 한 해에 여섯 개의 UOI를 계획하며, 이 과정에서 자연스럽게 학교가 세운 POI의 흐름과 교육 철학을 반영한다. 따라서 PART 2에서 다루는 UOI 설계 방법 중 일부는 이미 POI를 만드는 단계에서 결정되어 있을 수도 있다. 그래서 POI에 포함된 UOI의 세부 요소를 다듬거나 조정할 때에도, 여기에서 제시하는 과정을 참고하면 단원을 더 쉽게, 그리고 학교의 큰 그림과 조화를 이루어 완성할 수 있다.

이제부터 IB 수업 설계의 전 과정에서 고려해야 할 사항을 단계별로 살펴볼 것이다. 여기서는 실제 교실에서 이루어진 수업 설계와 운영 사례를 통해, 자신의 수업에 곧바로 활용할 수 있는 구체적인 방법들을 제시한다. IB를 처음 시작하는 교사뿐만 아니라 IB PYP 운영 경험이 있는 교사에게도 IB 수업을 더 효과적으로 설계하는데 도움이 될 것이다.

수업 설계 단계

탐구 단원 개요 짜기

초학문적 주제와 설명 확인하기 ▶ 교과 내용과 성취기준 확인하기 ▶ 명시적 개념과 LOI를 이용하여 탐구 방향 정하기 ▶ 깊이 있는 학습을 위한 교과 간 연계와 통합하기 ▶ 중심 아이디어, ATL과 학습자상 연결하기

평가 설계하기

PYP 평가 요소를 포함한 평가 설계하기 ▶ 맞춤형 피드백 전략 및 도구 사용하기

학습경험 설계하기

질문하기 ▶ 탐색하기 ▶ 연결하기 ▶ 전이하기 ▶ 성찰하기

4장 탐구 단원 개요 짜기

IB의 탐구 단원인 UOI는 IB PYP에서 학생의 배움이 삶과 연결되도록 설계된 학습 단위다. 각 단원은 초학문적 주제를 깊이 탐구하도록 돕는 중심 아이디어를 두고, 이를 탐구로 이끄는 명시적 개념과 LOI로 구성된다. UOI에는 학생이 실제로 기를 수 있는 기능인 ATL, IB에서 중요하게 여기는 학습자상, 그리고 탐구의 결과로 이어질 수 있는 실천까지 함께 담겨 있다. 즉 UOI는 단순한 교과 내용을 배우는 묶음이 아니라, 지식과 기능, 개념과 태도를 함께 키우는 배움의 단위다.

IB PYP의 프로그램 기준 및 운영방침에 따르면 IB PYP를 운영하는 모든 학교는 학년별로 여섯 가지 초학문적 주제에 맞는 UOI를 개발해야 한다. 다시 말해, 한 학년은 주제마다 한 개의 UOI, 모두 여섯 개를 설계하고, 1~6학년이 합쳐서 총 서른여섯 개의 단원을 완성해 학교의 POI를 완성한다. 탐구 프로그램인 POI는 학년별 단원을 단순히 나열한 목록이 아니라, 학교 전체가 지향하는 배움의 방향과 가치를 보여 주는 큰 그림이다. 교사가 하나의 UOI 개요를 작성하는 과정은, 단순히 한 단원의 설계를 넘어 학교 전체 POI를 완성하는 중요한 단계다. 중심 아이디어, 명시된 개념, 탐구 질문을 정할 때에는 학년 간의 연결과 학습의 발전 단계를 고려하여 작성한다. 이렇게 만들어진 UOI와 POI는 학생들이 지식과 개념을 통합적으로 배우도록 돕고, 궁극적으로 IB 학습자상이 지향하는 전인적 인간을 기르는 토대가 된다.

그럼 UOI를 실제로 어떻게 설계하는지 더 자세히 살펴보자.

탐구 단원 개요 짜기

초학문적 주제와 설명 확인하기 ▶ 교과 내용과 성취기준 확인하기 ▶ 명시적 개념과 LOI를 이용하여 탐구 방향 정하기 ▶ 깊이 있는 학습을 위한 교과 간 연계와 통합하기 ▶ 중심 아이디어, ATL과 학습자상 연결하기

01 초학문적 주제와 설명 확인하기

초학문적 학습이란?

UOI를 잘 설계하기 위해서는 초학문적 학습을 먼저 이해해야 한다. 그렇다면 초학문적 학습이란 무엇일까? 이것을 정확히 알기 위해 IB가 제시하는 세 가지 학문 연결 방식인 단학문적 학습, 간학문적 학습, 그리고 초학문적 학습을 차례로 살펴보자.▶표 4.1

단학문적 학습은 지금까지의 학교 교육에서 가장 익숙한 방식이다. 하나의 교과를 깊게 배우는 것으로, 국어나 수학 등의 개별 교과를 정해진 시간에 배우는 것을 말한다. 예를 들어 국어 시간에는 독해 전략을 배우고, 수학 시간에는 분수를 배우는 식이다. 음식으로 비유하자면 샐러드와 비슷하다. 같은 그릇 안에 있긴 하지만, 토마토는 토마토, 오이는 오이로 고유한 맛과 형태를 유지하고 있다. 즉 각 교과를 독립적으로 가르치는 것을 의미한다.

간학문적 학습은 두 개 이상의 교과가 하나의 주제를 중심으로 연결

표 4.1 단학문적 학습, 간학문적 학습, 초학문적 학습

구분	정의	특징	주요 프로그램
단학문적 학습	하나의 교과 안에서 깊이 배우는 방식	· 교과별로 분리되어 학습함. · 각각의 정체성이 뚜렷하게 드러남	DP
간학문적 학습	두 개 이상의 교과가 하나의 주제를 중심으로 연결됨	교과가 연결되어 있으나, 각 교과의 정체성은 그대로 유지됨	MYP
초학문적 학습	학생의 실제 삶의 질문에서 출발하여, 문제 해결 과정에서 교과가 도구처럼 활용됨	교과 구분이 보이지 않고, 하나의 통합된 배움으로 녹아듦	PYP

되는 수업이다. 예를 들어 '인구 변화'를 주제로 수학과 사회를 통합할 때, 수학 시간에는 통계를 배우고 사회 시간에는 인구 조사 데이터를 분석한다. 한 주제로 수업이 이루어지지만, 수학에서는 데이터 수집과 그래프 그리기를, 사회에서는 인구 구조의 변화가 사회에 어떤 영향을 주는지를 탐구한다. 연결되어 있으나 완전히 하나로 섞이지는 않는다. 음식으로 치면 찌개와 비슷하다. 맛은 함께 내지만, 재료의 모양과 정체성은 그대로 남아 있다. 이러한 간학문적 접근은 MYP에서 자주 쓰인다.

초학문(Transdisciplinary)은 '넘어서다(Trans)'와 '학문(Displinary)'이 합쳐진 말이다. 초학문적 학습은 교과에서 출발하지 않고, 학생의 삶에서 생기는 진짜 질문이나 문제에서 시작된다. 학생들이 궁금해하는 문제를 중심에 두고, 그 해결 과정에서 다양한 교과가 도구처럼 사용된다.

예를 들어 '기후 변화에 대해 우리는 어떻게 행동해야 할까?'라는 질문이 있다고 하자.

- 과학 시간에는 온실가스와 지구 온난화 실험을 한다.

- 사회 시간에는 기후 변화가 사회나 정책에 어떤 영향을 미치는지 조사한다.
- 국어 시간에는 관련 뉴스나 칼럼을 읽고 자신의 의견을 글로 쓴다.
- 미술 시간에는 기후 환경을 생각하는 메시지를 담은 포스터를 만든다.

이처럼 학생의 삶과 밀접하게 관련된 하나의 주제를 중심으로 모든 교과가 자연스럽게 녹아드는 것이 바로 초학문적 학습이다. 여러 재료가 완전히 섞여서 새로운 맛을 내는 케이크처럼, 교과들이 따로 보이지 않고 하나의 큰 배움으로 스며든다. IB PYP에서는 초학문적 접근을 강조한다.

표 4.2 단학문적 학습, 간학문적 학습, 초학문적 학습의 비교

단학문적 학습	간학문적 학습	초학문적 학습
샐러드 	찌개 	케이크 

여섯 가지 초학문적 주제

IB에서는 학생들이 국제적 소양을 지닌 평생 학습자로 자라기 위해 꼭 탐구해야 할 보편적이고 중요한 여섯 가지 초학문적 주제를 제시한다. 표 4.3은 IB에서 정한 여섯 가지 초학문적 주제와 각 주제가 다루는 설명을 보여 준다.

표 4.3 IB의 여섯 가지 초학문적 주제

초학문적 주제	설명
우리는 누구인가	개인과 집단의 정체성, 관계, 웰빙, 성장 등을 통해 '나'와 '우리'를 이해하고, 인간으로서의 삶의 의미를 탐구한다.
우리가 속한 공간과 시간	시간과 장소의 변화 속에서 인간이 만들어 온 이야기와 문화, 환경의 변화를 살펴보며 현재와 과거의 연결을 이해한다.
우리 자신을 표현하는 방법	생각과 감정, 문화와 가치가 어떻게 다양한 표현 방식으로 드러나는지를 탐구하며, 창의적 표현의 의미를 이해한다.
세계가 돌아가는 방식	자연과 인간 사회의 원리를 관찰하고, 과학적 발견과 혁신이 세상에 미치는 영향을 탐구한다.
우리 자신을 조직하는 방식	공동체가 유지되는 구조와 시스템, 그리고 협력과 의사결정을 통해 사회가 어떻게 운영되는지를 탐구한다.
우리 모두의 지구	인간과 자연의 상호의존성을 이해하고, 정의롭고 지속 가능한 세상을 만들기 위한 책임 있는 행동을 모색한다.

출처: IBO(2025), 「Learning and teaching」을 바탕으로 재구성

이 표는 각각의 주제에서 탐구의 초점을 제시하고, 그리고 그와 관련된 구체적인 개념을 함께 보여줌으로써 교사들이 주제를 보다 깊게 이해하도록 돕는다. POI를 설계할 때는 주제 설명에 담긴 개념을 각 학년에서 다룰 수 있도록 계획해야 한다. 특별한 이유가 없다면 POI에서 여섯 개의 주제의 모든 설명이 균형 있게 다뤄지도록 배분하는 것이 바람직하다.

이를 위해 무엇보다 먼저 할 일은 초학문적 주제와 설명이 우리 학교 맥락에서 어떤 뜻을 가지는지 함께 이해하고 합의하는 것이다. IB에서 자주 쓰는 'Shared Understanding(공유된 이해)'라는 표현은 학교 구성원들이 특정 용어나 주제에 대해 같은 방향성과 이해를 만들기 위해 충분히 논의하고 협의하는 과정을 의미한다. 초학문적 주제와 설명은 본질적으로 여러 방식으로 해석될 수 있으므로, 교사들이 함께 이야기를 나누며 학교의 상황과 맥락에 맞는 의미를 찾아야 한다. 이 과정에는 1학년부터 6

학년 담임교사뿐 아니라 수업에 참여하는 모든 교사가 함께 참여하여 공통된 관점과 인식을 형성하는 것이 중요하다. 각 초학문적 주제가 담고 있는 설명의 범위와 깊이를 어떻게 설정할지 명확히 합의하고, 학년의 발달 단계와의 연계도 함께 논의해야 한다. 협의는 학년의 경계를 넘어 충분한 시간을 들여 진행해야 학년에 가장 적합한 주제와 설명을 찾을 수 있다.

표 4.4의 세 단계를 거친 뒤에는 학년별로 어떤 주제를 가르칠지, 설명 속 개념을 어느 정도로 깊이 있게 다룰지 정리해야 한다. 이때 POI 전체를 함께 살펴보며, 학년이 올라갈수록 학생들이 주제를 더 넓고 깊게 탐구할 수 있도록 설계하는 것이 중요하다.

표 4.4 초학문적 주제의 해석 및 설명 배분을 위한 교사 협의 단계와 질문

단계	내용
1단계	수업에 참여하는 모든 교사가 모여 예시 질문을 활용해 초학문적 주제의 의미를 분석한다.
	"이 초학문적 주제가 말하는 핵심 메시지는 무엇일까요?" "각 주제와 설명을 읽고, 어떤 개념이나 생각을 떠올릴 수 있을까요?" "이 주제는 왜 학생들이 반드시 탐구해야 할 주제로 선정되었을까요?" "이 주제는 학생들의 삶이나 사회의 어떤 중요한 문제로 이어질까요?" "이 주제를 통해 학생들에게 기대하는 태도나 사고 방식은 어떤 것일까요?"
2단계	초학문적 주제별 설명을 보며 아래와 같은 질문을 사용하여 관련 학습 내용을 떠올린다.
	"이 주제 설명을 읽고, 특히 눈에 띄는 단어나 문장은 무엇인가요?" "이 주제 설명은 우리 학생들은 어떤 궁금증이나 질문을 던질 수 있을까요?" "이 설명 속 개념이 지금까지 우리 수업에서 충분히 다루어졌던 것인가요?" "이 설명을 다룰 때, 학생들의 삶의 경험과 연결되는 사례에는 어떤 것이 있을까요?"
3단계	초학문적 주제와 설명을 보면서 관련된 학년의 학습 내용을 연결해 본다.
	"각 교과에서 이 초학문적 주제를 다루고 있는 단원이나 주제가 있을까요?" "이 주제를 중심으로 교과 내용을 재구성한다면, 어떤 활동이나 지식을 다룰 수 있을까요?" "이 주제는 우리 학년 학생들이 이미 다루었던 내용인가요, 아니면 새롭게 접하는 것인가요?" "이 주제를 통해 학생들이 경험하는 배움은 기존 교과서 수업과 어떤 점에서 다를까요?"

마지막으로 합의된 내용을 기록해 두면, 이후 단원 설계와 평가를 계획할 때 공통의 출발점으로 활용할 수 있다. 이렇게 형성된 공유된 이해는 주제 선정에서부터 수업 실행과 평가에 이르기까지 학교 전체의 학습 경험을 하나의 흐름으로 이어주는 기반이 된다.

02 교과 내용과 성취기준 확인하기

초학문적 주제와 설명을 충분히 이해했다면, 다음 단계는 이를 교과 성취기준과 연결하는 일이다. 이때 두 가지 접근이 가능하다. 하나는 초학문적 주제를 먼저 정하고, 거기에 맞는 성취기준을 찾는 방식이다. 다른 하나는 성취기준을 먼저 분석한 뒤, 알맞은 초학문적 주제를 연결하는 방식이다.

연결 방법 ① 초학문적 주제 선택 — 성취기준 찾기

먼저 초학문적 주제를 먼저 선택한 후, 그 주제의 설명을 바탕으로 연결 가능한 교과 성취기준을 찾는 방식을 이용할 수 있다. 이 접근은 교사가 초학문적 주제와 설명을 충분히 이해하고, 이를 토대로 교과 내용을 통합적으로 구성하는 구조이기 때문에 보다 의도적인 단원 설계가 가능하다는 장점이 있다.

예를 들어 '우리가 속한 공간과 시간'이라는 초학문적 주제▶표 4.3를 선택했다고 하자. 이 주제는 인간이 시간과 장소 속에서 자신과 공동체의 변화를 탐구하는 것과 관련된다. 이러한 관점을 바탕으로 교사는 다양한 교과 성취기준과의 연결 가능성을 발견할 수 있다.

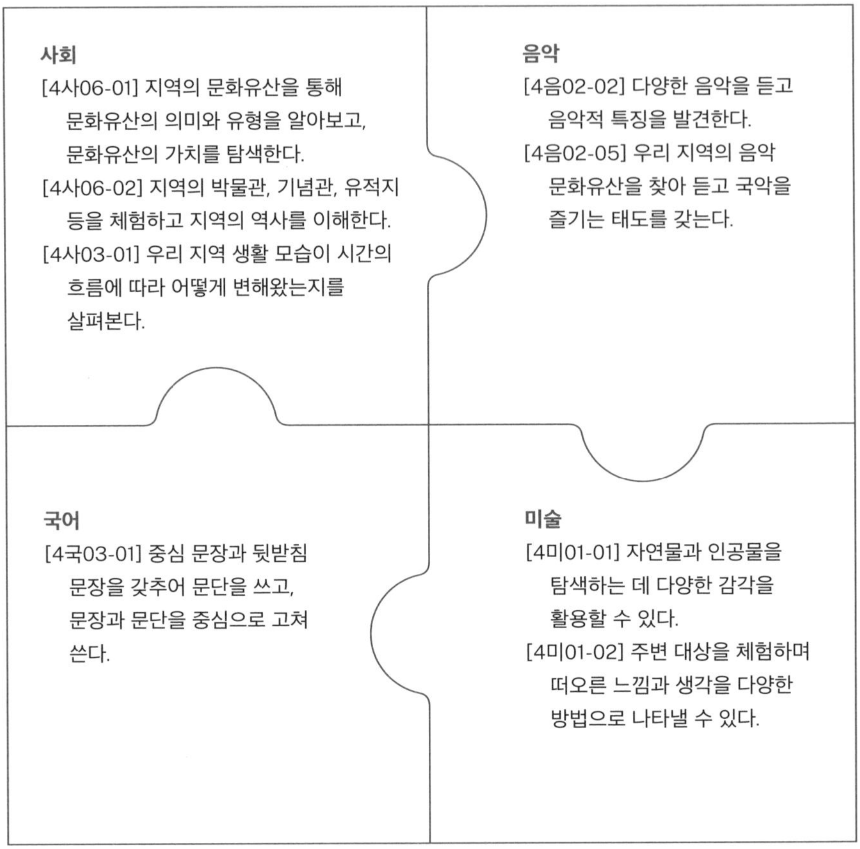

그림 4.1 초학문적 주제와 교과별 성취기준의 연결 가능성

그림 4.1의 사회과 성취기준을 살펴보면 '문화유산, 정체성, 역사, 이해'와 같은 개념들이 드러난다. 이를 토대로 '우리가 속한 공간과 시간'이라는 초학문적 주제를 사회과 지역사의 내용과 연결할 수 있다. 예를 들어 '우리 지역의 문화유산은 과거와 현재를 어떻게 이어주는가?' 또는 '우리 지역의 문화유산은 우리의 정체성과 어떤 관련이 있을까?'와 같은 탐구 질문을 만들 수 있다.

이 방식은 기존 교과 수업의 흐름을 크게 벗어나지 않으면서도 탐구의 개념적 깊이를 더할 수 있다는 장점이 있다. 교과의 본래 성격을 유지하면서 탐구로 확장할 수 있어, 수업 설계가 아직 익숙하지 않은 교사들도 부담 없이 적용할 수 있다. 무엇보다 이런 연결 과정을 거치면, 학생들은 하나의 주제를 다양한 관점에서 바라보며, 보다 입체적이고 통합적인 사고를 기르게 된다. 나아가 학습이 교과의 경계를 넘어 삶과 이어진다는 점을 자연스럽게 경험하게 된다.

연결 방법 ② 성취기준 분석 — 초학문적 주제 연결하기

다음으로 교과의 내용 체계와 성취기준을 먼저 분석한 후, 적합한 초학문적 주제를 연결할 수도 있다. 이 방식은 우리 교육과정의 구조와 교사들의 실제 수업 설계 흐름과도 유사하다. 특히 2022 개정 교육과정은 단순히 지식을 나열하지 않고, 각 교과의 내용 체계를 통해 교수·학습 방향과 철학을 보여 준다. 그 중심에 바로 '핵심 아이디어'가 있다. 핵심 아이디어는 학생들이 해당 영역을 통해 도달해야 할 개념적 이해의 중심이며, 교과의 교육적 방향성을 명확히 드러내는 중요한 단서다. 예를 들어, 사회과 3~4학년 '지역사' 영역의 내용 체계▶표 4.5를 살펴보면 다음과 같은 핵심 아이디어를 확인할 수 있다.

- 문화유산은 과거와 현재를 이어주는 자료이다.
- 지역의 박물관, 기념관, 유적지는 지역의 정체성을 보여 준다.
- 지역의 역사적 문제는 역사 자료를 분석·해석·평가하여 해결한다.

내용 체계가 보여 주는 핵심 아이디어는 지역의 역사와 문화유산을 정체성과 연결해 이해하고, 비판적으로 해석하며, 궁극적으로 사회 참여와 실천으로 확장해 가려는 의도를 담고 있다.

교사는 핵심 아이디어를 바탕으로 그림 4.1의 사회과 성취기준 '[4사

표 4.5 2022 개정 교육과정 사회과 '지역사' 영역 내용 체계

<table>
<tr><td colspan="2">핵심 아이디어</td><td colspan="3">• 문화유산은 과거와 현재를 이어주는 자료이다.
• 지역의 박물관, 기념관, 유적지는 지역의 정체성을 보여 준다.
• 지역의 역사적 문제는 역사 자료를 분석·해석·평가하여 해결한다.</td></tr>
<tr><td colspan="2" rowspan="3">범주</td><td colspan="3">내용 요소</td></tr>
<tr><td colspan="2">초등학교</td><td>중학교</td></tr>
<tr><td>3~4학년</td><td>5~6학년</td><td>1~3학년</td></tr>
<tr><td>지식·이해</td><td>지역사</td><td>• 지역의 문화유산 알아보기
• 지역의 역사 이해하기
• 지역의 역사적 문제 파악하기</td><td>-</td><td>-</td></tr>
<tr><td colspan="2">과정·기능</td><td colspan="2">• 지역의 박물관, 기념관, 유적지 답사하기
• 신뢰성 있는 역사 정보를 선택, 분석, 추론하기
• 역사적 서사를 구성하여 다양한 방식으로 표현하기
• 사회문제의 역사적 연원을 파악하는 질문 생성하기
• 역사 지식 활용하기</td><td>• 자료의 선택·분석·해석과 논쟁을 통해 역사 지식을 형성하기
• 적절하고 타당한 근거를 가지고 역사적 사실에 대해 해석, 판단하기
• 역사적 개념을 이해하고 활용하기
• 역사적 서사를 구성하여 다양한 방식으로 표현하기</td></tr>
<tr><td colspan="2">가치·태도</td><td colspan="2">• 지역의 역사에 대한 관심과 흥미
• 지역의 문화유산을 보존하는 태도
• 역사적 존재로서 자기인식
• 타인의 역사적 해석을 존중하는 태도
• 역사에 성찰적으로 접근하는 태도</td><td>• 타인의 역사적 해석을 존중하는 태도
• 역사적 연원에 대한 이해를 토대로 다양한 문화와 정체성 존중
• 역사에 성찰적으로 접근하는 태도
• 지속가능한 삶을 위한 가치관
• 자신을 역사적 존재로 인식하고 실천하는 자세</td></tr>
</table>

06-01] 지역의 문화유산을 통해 문화유산의 의미와 유형을 알아보고, 문화유산의 가치를 탐색한다.', '[4사06-02] 지역의 박물관, 기념관, 유적지 등을 체험하고 지역의 역사를 이해한다.'를 살펴보며, 어떤 초학문적 주제가 가장 자연스럽게 연결되는지 검토한다. 이 두 성취기준은 '문화유산, 정체성, 역사, 이해'라는 개념과 맞닿아 있다. 따라서 '우리가 속한 공간과 시간'이라는 초학문적 주제가 학습의 방향과 잘 어울린다는 것을 알 수 있다. 이처럼 성취기준을 출발점으로 삼으면, 교과의 본질을 지키면서도 초학문적 주제를 의도적으로 선택해 단원을 설계할 수 있다. 학생들은 주제를 다양한 시각에서 탐구하고, 교사는 수업의 개념적 깊이를 자연스럽게 확장할 수 있다.

깊이 있는 학습을 위한 설계

초학문적 주제와 성취기준을 연결하는 두 가지 접근은 순서만 다를 뿐, 학생의 삶과 연결되는 주제를 중심으로 깊이 있는 학습을 설계하려는 전략이라는 점에서 본질적인 목표는 같다. 중요한 것은 어떤 방식을 선택하든 '초학문적 주제와 성취기준 간의 개념적 연결성'을 중심에 두는 것이다. 교사는 교육과정 문서에 제시된 '내용 체계'와 '핵심 아이디어'를 바탕으로 교과의 본질적 목표를 깊이 있게 이해해야 한다. 나아가 성취기준이 학생의 삶과 어떻게 연결될 수 있는지 분석해야 한다. 이를 통해 초학문적 주제를 중심으로 수업을 통합적으로 설계하고, 학생들에게 개념적 이해와 삶과 맞닿은 학습 경험을 제공할 수 있다. 또한 두 방식 중 어느 하나를 고정된 틀로 삼기보다는, 교사가 처한 교육 맥락과 주제에 대한 친숙도, 수업 설계의 목적 등에 따라 유연하게 선택하고 조합할 수 있어야 한다. 초학문적 주제에 따른 교과 통합은 단순한 과목 간 연결을 넘어, 학습자 중심의 배움 구조를 설계하는 일이다. 따라서 교사는 성취기준을 단순히 전달해야 할 지식으로 보지 않고, 학생들이 세상을 이해하고 실천할 수 있도록 돕는 개념적 구조로 해석해 탐구 설계의 출발점을 만들어 가야 한다.

03 명시적 개념과 LOI를 이용하여 탐구 방향 정하기

UOI를 설계할 때 교사가 스스로에게 던져야 할 질문은 "이 단원에서 학생들이 무엇을 이해하도록 할 것인가?"이다. 단원을 구성할 때 우리는 흔히 지식과 기능의 목록을 먼저 떠올리곤 한다. 그러나 지식은 단편적으로 흩어지기 쉽다. 기능은 반복 연습만 하다 보면 의미를 잃는다. 학생들이 교과서 속 내용을 단순히 외우고 익히는 데 그치지 않으려면, 교사가 학습을 꿰어 주는 사고의 틀을 제시해야 한다. 이것이 바로 개념적 렌즈이다. 개념적 렌즈는 단원을 하나의 흐름으로 엮을 뿐만 아니라, 학생이 새로운 상황에서도 그 배움을 전이할 수 있게 하는 힘을 지닌다.

IB PYP에서는 이러한 개념적 렌즈를 표 4.6과 같이 일곱 가지 명시적 개념으로 제시한다.

명시적 개념과 LOI는 긴밀하게 연결된다. 명시적 개념은 단원의 사고 틀을 제공하고, LOI는 그 개념을 실제 학습 맥락에서 탐구하도록 구체화한 길이 된다. LOI는 "학생이 무엇을 알아볼 것인가?"를 명사구 형태로 표현하며, 중심 아이디어와 명시적 개념을 이어주는 다리 역할을 한다. 그렇다면 '문화유산'을 주제로 한 단원 설계 예시를 통해 명시적 개념과 LOI의 관계를 알아보자.

- 명시적 개념이 형태(Form)인 경우: 문화유산의 특징과 구조
- 명시적 개념이 연결성(Connection)인 경우: 문화유산과 공동체의 역

사와 정체성

- 명시적 개념이 책임(Responsibility)인 경우: 우리의 책임

표 4.6 IB PYP의 일곱 가지 명시적 개념

명시적 개념	설명	관련 질문 예시
형태	사물이나 현상이 가진 성질이나 모양, 구성 요소를 살펴보는 개념	• 그것은 어떤 모습이나 구조를 가지고 있나요? • 그것을 구성하는 중요한 요소는 무엇인가요?
기능	사물이나 현상이 어떤 역할을 하며, 어떻게 작동하는지를 이해하는 개념	• 그것은 어떻게 작동하나요? • 그것은 어떤 역할이나 목적을 가지고 있나요?
인과관계	어떤 사건이나 현상이 왜 일어났는지, 그 원인과 결과를 탐구하는 개념	• 왜 그런 일이 일어났나요? • 그 결과로 어떤 변화가 생겼나요?
변화	시간의 흐름에 따라 나타나는 차이와 변화를 살펴보는 개념	• 시간이 지나면서 무엇이 달라졌나요? • 그 변화는 어떤 영향을 주었나요?
연결성	사물, 사람, 사건, 개념이 서로 어떤 관계를 맺고 영향을 주고받는지를 이해하는 개념	• 이것은 다른 것과 어떻게 연결되어 있나요? • 이 관계 속에서 어떤 상호작용이 일어나나요?
관점	같은 주제나 현상에 대해 서로 다른 생각과 해석을 가질 수 있음을 인식하는 개념	• 다른 사람들은 이 상황을 어떻게 바라볼까요? • 관점이 다르면 생각이나 행동은 어떻게 달라질까요?
책임	개인이나 공동체가 자신의 행동과 선택에 대해 어떤 책임을 지고 실천해야 하는지를 성찰하는 개념	• 이 상황에서 우리는 어떤 책임을 져야 할까요? • 내가 할 수 있는 행동은 무엇일까요?

출처: IBO(2025), 「Learning and teaching」을 바탕으로 재구성

얼핏 추상적으로 보이는 명시적 개념은 실제 단원 설계에서 매우 구체적인 역할을 한다. 예컨대 사회과 성취기준 '[4사06-01] 지역의 문화유산을 통해 문화유산의 의미와 유형을 알아보고, 문화유산의 가치를 탐색한다', '[4사06-02] 지역의 박물관, 기념관, 유적지 등을 체험하고 지역의 역사를 이해한다'▶그림 4.1를 단순히 지식으로 가르치면, 학생들은 지역 문화유산의 이름을 외우거나 답사 활동에서 관찰한 내용을 보고하는 데 그칠 수 있다. 그러나 개념적으로 해석하면 탐구의 폭은 훨씬 넓어진다.

형태라는 명시적 개념으로는 문화유산이 가진 특징과 유형을 살펴볼 수 있다. 예를 들어 학생들은 불국사와 경복궁의 건물 배치와 구조를 비교하거나, 강강술래와 제주 칠머리당 영등굿과 같은 무형문화재가 지닌 형식과 표현 요소를 탐구하면서 문화유산의 다양한 유형과 특징에 대해 탐구할 수 있다.

연결성 개념으로는 문화유산이 공동체의 역사와 정체성에 어떻게 이어져 있는지를 성찰할 수 있다. 예를 들어 불국사는 신라 불교 문화와 예술적 가치가 집약된 공간으로, 우리 전통 건축의 미학과 종교적 신념이 만나는 지점을 보여 준다. 경복궁은 조선 시대의 정치·사회 구조와 왕실 생활을 담아내며, 오늘날까지 국가 정체성과 전통문화를 상징하는 장소로 남아 있다. 무형문화재인 강강술래는 공동체가 함께 어울리며 유대감을 형성해 온 놀이이자, 여성들의 삶과 협동 정신이 녹아 있는 생활 문화다. 제주 칠머리당 영등굿은 바다와 생업을 지키려는 섬 사람들의 신앙과 협력의 역사를 전하며, 자연과 인간이 관계 맺는 방식을 잘 보여 준다. 이처럼 구체적인 대상과 연결 지어 탐구하면, 문화유산이 과거의 흔적이 아니라 지금도 공동체의 가치와 정체성을 살아 있게 하는 매개체임을 학생들이 자연스럽게 깨닫게 된다.

책임 개념을 적용하면 학생들은 문화유산을 어떻게 보존하고 계승해야 하는지 고민하며 실천적 과제로 탐구를 확장할 수 있다. 예를 들어 불국사를 조사한 후에는 건축물 보존을 위해 우리가 지켜야 할 관람 예절이나 환경 관리 방안을 생각해 볼 수 있다. 경복궁과 관련해서는 전통 건축을 현대에 맞게 보존·활용하는 방법이나, 궁궐의 역사적 의미를 알리는 전시·체험 프로그램을 기획할 수도 있다. 강강술래를 탐구한 학생들은 지역 축제나 학교 행사에서 전통놀이를 재현하며 그 가치를 전할 방법을 모색할 수 있고, 제주 칠머리당 영등굿의 경우에는 바다 환경을 지키고 어촌 문화를 계승하기 위한 지역 사회 캠페인을 제안할 수 있다. 이처럼 책임의 렌즈를 적용하면, 문화유산 학습이 지식 습득에서 멈추지 않고 미래 세대와 공유해야 할 가치로 확장되며, 학생들은 스스로 작은 행동 계획을 세우는 주체로 성장하게 된다.

이처럼 하나의 성취기준 안에도 다양한 개념이 숨어 있으며, 교사가 어떤 명시적 개념을 선택하느냐에 따라 깊이와 방향성은 달라진다. 같은 '문화유산' 주제를 다루더라도, 변화를 중심에 두면 "시간의 흐름 속에서 문화유산은 어떻게 변화하고 보존되어왔는가?"라는 질문이 만들어진다. 반면에 관점을 중심에 두면 "문화유산의 가치를 바라보는 시각은 세대와 문화에 따라 어떻게 다른가?"라는 탐구로 이어진다. 명시적 개념은 학생들이 동일한 주제를 여러 시각에서 바라보도록 하여, 탐구의 폭과 깊이를 동시에 확장하게 한다.

명시적 개념과 그것을 다루는 학습 방향이 정해지면, 교사는 그 내용을 설명하는 LOI를 작성할 수 있다. LOI는 보통 명사구의 형태로 간결하게 제시되지만, 수업의 흐름이나 학생의 참여도를 높이기 위해 탐구 질문의 형태로 학생에게 제시할 수도 있다. 이처럼 LOI는 학생들이 배운 지식을 삶과 연결된 이해로 재구성하도록 돕는 탐구의 길이 된다. 바로 이것이 IB 수업 설계가 지향하는 깊이 있는 학습의 핵심이며, 명시적 개념과 LOI가 단원 설계에서 분리되지 않고 긴밀히 작동하는 이유이다.

04 깊이 있는 학습을 위한 교과 간 연계와 통합하기

명시적 개념을 사용하여 탐구의 방향을 설정했다면, 이제 이를 실제 교과 성취기준과 연결하여 학생들의 배움이 단편적이지 않고 통합적 이해로 나아가도록 설계해야 한다. IB PYP가 강조하는 초학문적 학습은 교과를 억지로 나열하는 작업이 아니라, 학생의 질문을 중심에 두고 각 교과의 성취기준이 도구처럼 활용되도록 재구성하는 과정이다. 예를 들어, '우리 지역의 문화유산은 과거와 현재를 어떻게 이어주는가?'라는 탐구 질문을 중심에 두었을 때, 교과 간 연계는 다음과 같이 구체화할 수 있다.

- 국어과에서는 중심 문장과 뒷받침 문장을 갖추어 문단을 쓰고([4국03-01]), 이를 고쳐 쓰는 활동을 통해 문화유산을 주제로 설명문이나 소개글을 작성한다. 학생들은 이를 통해 대상의 특징을 구조적으로 드러낸 글을 쓸 수 있다.
- 사회과에서는 우리 지역의 문화유산의 의미와 가치를 탐구하고([4사06-01]), 박물관이나 유적지 체험을 통해 지역의 역사를 이해한다([4사06-02]). 이를 통해 학생들은 문화유산이 공동체와 정체성, 역사적 변화와 긴밀히 연결되어 있음을 인식한다.
- 미술과에서는 자연물과 인공물을 다양한 감각으로 탐색하고([4미01-01]), 주변 대상을 체험하며 떠오른 느낌과 생각을 표현하며([4미01-02]), 미적 탐색을 통해 대상의 특징을 이해한다([4미01-03]). 이러한 과정을 통해 학생들은 지역 문화유산을 시각 자료나 디자인으로 표현하면서 그 의미를 예술적으로 재해석한다.
- 음악과에서는 다양한 음악을 듣고 음악적 특징을 발견하며([4음02-02]), 우리 지역의 음악 문화유산을 찾아 듣고 국악을 즐기는 태도를 기른다([4음02-05]). 이는 학생들이 문화유산을 음악적 맥락에서 이

해하고, 전통과 현대를 잇는 경험으로 확장할 수 있도록 한다.

이처럼 각 교과 성취기준은 개별적으로 존재하는 것이 아니라, 하나의 탐구 질문을 중심으로 서로 맞물려 학생들의 이해를 더 깊고 넓게 만든다. 이를 통해 학생들은 분절적이고 파편적인 지식 습득을 넘어, 여러 교과의 지식을 맥락 속에서 활용하며 문제를 다각도로 바라보는 사고력을 키울 수 있다. 결국 교사의 과제는 성취기준을 개별 교과의 틀 안에서 가르치는 것에 머무르지 않고, 이를 삶과 연결된 통합적 배움의 경험으로 재구성하는 것이다. 이러한 단원 설계는 학생들에게 "교과마다 배우는 내용이 따로 있는 것이 아니라, 모두가 연결되어 나와 세상을 이해하는 데 쓰이는 도구"임을 깨닫게 하여 깊이 있는 학습으로 나아가도록 한다.

05 중심 아이디어, 탐구 단원에서 지도할 ATL과 학습자상 설계하기

중심 아이디어 작성하기

UOI의 전체 구조가 어느 정도 자리 잡혔다면, 교사는 단원의 철학과 방향을 가장 분명하게 드러내는 중심 아이디어를 작성해야 한다. 중심 아이디어는 단순히 단원을 요약한 문장이 아니다. 학생들이 단원을 통해 어떤 개념적 이해에 도달할 수 있는지를 알려 주는 나침반과 같다. 중심 아이디어는 지식의 나열이 아니라 개념적 이해를 드러내야 한다. 다시 말해, 학생들이 단원을 통해 단편적인 사실을 알게 되는 것에 그치지 않고, 그 사실들 속에서 보편적이고 전이 가능한 원리를 발견할 수 있어야 한다. 따라서 중심 아이디어는 구체적인 상황을 넘어 다른 맥락에도 적용 가능한 보편성을 지녀야 하며, 동시에 학생의 발달 단계에 맞는 언어로 간결하게 표현되어야 한다. 예를 들어 '문화유산'이라는 주제를 중심으로 탐구 단원을 구성한다고 하자. 교사가 명시적 개념으로 형태와 연결성을 선택한다면, 중심 아이디어는 '문화유산은 과거의 삶이 다양한 형태로 남아 현재와 연결되는 방식이다'로 정리할 수 있다. 반대로 책임과 관점 개념을 반영하면 '문화유산을 어떻게 바라보고 보존할 것인가는 공동체가 함께 탐색해야 할 과제이다'라는 중심 아이디어가 만들어질 수 있다. 같은 주제라 하더라도 어떤 개념을 선택하느냐에 따라 학생들의 사고 방향은 달라진다.

만약 명시적 개념 중 세 가지 개념(형태, 연결성, 책임)을 함께 탐구한다면, '문화유산은 공동체의 정체성을 드러내며, 사회에서 다양한 역할과 의미를 가진다.'와 같은 가치 중립적인 중심 아이디어를 만들 수 있다. 이처럼 중심 아이디어는 명시적 개념을 어떻게 선택하느냐에 따라 내용과 방향이 달라지며, 이는 교사의 교육철학이 반영되는 지점이기도 하다.

그럼 이제부터 중심 아이디어를 작성하는 여섯 가지의 원칙을 하나씩 살펴보자.

원칙 ① 개념적 언어를 포함하되, 명시적 개념을 직접 사용하지 않기

중심 아이디어는 단순한 사실이나 활동을 나열하는 문장이 아니라, 형태, 연결성, 책임과 같은 명시적 개념이 드러나야 한다. 다만 IB의 명시적 개념을 단어 그대로 문장에 삽입하는 것은 피한다. 중요한 것은 단어 자체가 아니라, 그 개념이 담고 있는 사고의 본질을 학생들이 탐구할 수 있도록 문장을 만드는 것이다.

표 4.7 명시적 개념을 직접적으로 사용하지 않고 중심 아이디어 만들기

중심 아이디어	평가	이유
문화유산은 형태와 연결성, 책임이 중요하다.	수정 필요	명시적 개념을 직접적으로 사용함
문화유산은 공동체의 정체성을 드러내며, 과거와 현재를 이어주는 기록이다.	사용 가능	명시적 개념의 본질적 내용을 반영함

하나의 주제를 골라 명시적 개념을 직접 사용하지 않고 중심 아이디어를 만들어 보세요.

주제: 문화유산, 정체정, 환경

▶

▶

▶

▶

원칙 ② 보편성과 전이 가능성 확인하기

중심 아이디어는 특정한 사례나 지역에만 적용되는 제한적인 것이 아니라, 다른 상황에도 확장 가능한 보편성을 담아야 한다. 따라서 학생들이 단원의 주제를 넘어 일상에도 적용할 수 있도록 전이 가능한 이해를 제시하는 것이 중요하다.

표 4.8 보편성과 전이 가능성 확인하여 중심 아이디어 만들기

중심 아이디어	평가	이유
제주의 돌하르방은 지역의 대표적 문화유산이다.	수정 필요	특정 사례에 한정되어 보편적 탐구로 확장하기 어려움
문화유산은 옛사람들이 사용하던 물건이었다.	수정 필요	과거에만 의미가 있었던 것으로 한정되어, 현재와 미래로의 확장이 불가능함
문화유산은 공동체의 과거와 현재를 이어 주는 자원이다.	사용 가능	특정 지역을 벗어나 모든 문화유산에 적용 가능한 보편적 이해이며, 현재와 미래로의 확장이 가능함

보편성과 전이 가능성을 생각하며 자신의 중심 아이디어를 수정해 보세요.

중심 아이디어:

▶

▶

원칙 ③ 간결하고 명료하게 표현하기

중심 아이디어는 보통 한 문장, 많아야 두 문장으로 정리하는 것이 적절하다. 지나치게 길면 핵심이 흐려지고, 너무 짧으면 의미가 축소될 수 있다. 학생들이 기억할 수 있는 간결성을 지니고, 동시에 교사와 학부모가 읽었을 때도 방향성이 분명히 드러나야 한다.

표 4.9 간단하고 명료하게 중심 아이디어 만들기

중심 아이디어	평가	이유
문화유산에는 지역의 역사, 환경, 생활 모습, 사회적 변화, 그리고 다양한 세대의 정체성과 가치관이 모두 담겨 있으며 이를 통해 우리는 과거와 현재를 이해할 수 있다.	수정 필요	지나치게 길고 복잡하여 학생들이 이해하기에 어려움
문화유산은 공동체의 삶을 드러내며 과거와 현재를 연결한다.	사용 가능	핵심 메시지를 간결하게 제시하였음

간결하고 명료하게 표현되었는지 살피고 자신의 중심 아이디어를 수정해 보세요

중심 아이디어:

▶

▶

▶

원칙 ④ 탐구 질문으로 확장 가능한지 점검하기

좋은 중심 아이디어는 단순히 '알려 주는 문장'이 아니라, '새로운 질문을 이끌어 내는 문장'이다. '왜?', '어떻게?', '무엇과 연결되는가?'와 같은 질문이 자연스럽게 뒤따를 수 있어야 한다. 중심 아이디어는 곧 탐구 질문을 만들어 내는 출발점이다.

표 4.10 확장 가능성을 고려하여 중심 아이디어 만들기

중심 아이디어	평가	이유
문화유산은 지역에 존재한다.	수정 필요	단순 사실 서술문으로 탐구 질문을 만들 수 없음
문화유산은 공동체의 정체성과 삶을 보여 주는 기록이다.	사용 가능	"정체성이란 무엇일까?", "삶을 어떻게 기록할 수 있을까?" 등 탐구 질문으로 확장이 가능함

✎ 탐구 질문으로 확장할 수 있는지 점검하고 자신의 중심 아이디어를 수정해 보세요.

중심 아이디어:

▶

▶

▶

원칙 ⑤ 학년 발달 수준에 적합하게 조정하기

동일한 주제를 다루더라도 학년군마다 요구되는 사고의 깊이는 다르다. 예를 들어, 저학년에서는 '문화유산은 옛사람들의 생활을 보여 주는 기록이다' 정도로 단순화할 수 있고, 고학년에서는 '문화유산은 과거와 현재를 연결하며, 공동체의 정체성을 형성한다'처럼 더 심화된 수준으로 발전시킬 수 있다. 교사는 학년 발달 단계에 따라 중심 아이디어의 복잡성과 추상성을 조정해야 한다.

표 4.11 발달 수준을 고려하여 중심 아이디어 만들기

중심 아이디어	평가	이유
문화유산은 옛사람들의 생활을 보여 주는 기록이다.	저학년용	저학년 수준에 맞는 '옛사람들', '생활'과 같은 친숙한 어휘를 사용하여 명확하고 단순한 중심 아이디어로 제시함
문화유산은 과거와 현재를 연결하며, 공동체의 정체성을 형성한다.	고학년용	고학년 수준에 맞는 '공동체', '정체성'과 같은 추상적 개념어를 사용하여 개념 간의 관계를 드러냄

✎ 아이들의 수준에 맞도록 자신의 중심 아이디어를 수정해 보세요.

중심 아이디어:

(저학년) ▶

(고학년) ▶

원칙 ⑥ 가치 중립적으로 표현하기

중심 아이디어는 교사가 학생에게 답을 미리 알려 주는 문장이 아니다. 따라서 가치 중립적으로 작성되어야 한다. 만약 '반드시 ~해야 한다'와 같은 가치 판단이 포함되면 학생들의 탐구 방향은 이미 고정되어 버리고, 스스로 질문을 만들고 결론을 낼 기회가 줄어든다. 반대로 가치 중립적 문장은 학생들이 다양한 증거를 탐색하고, 서로의 생각을 비교하며, 자신만의 관점을 만들어 가도록 이끈다. 또한 가치 중립적 중심 아이디어는 특정 시대나 지역의 상황에만 국한되지 않고, 보편성과 전이 가능성을 담아 다른 상황에서도 탐구할 수 있는 개방성을 지닌다.

표 4.12 가치 중립적으로 중심 아이디어 만들기

중심 아이디어	평가	이유
문화유산은 반드시 보존해야 하는 소중한 자산이다.	수정 필요	'반드시 보존해야 한다'라는 가치 판단이 포함되어 있어 개발과 보존의 균형, 보존의 우선 순위 등 다양한 관점을 탐구할 기회가 차단될 수 있음
개인은 문화유산을 지키고 계승해야 한다.	수정 필요	'계승해야 한다'라는 가치를 강요하여 현대 사회에서의 계승의 의미가 무엇인지 등을 탐구하지 못하게 함

✎ 가치 중립적으로 표현되었는지 살피고 자신의 중심 아이디어를 수정해 보세요.

중심 아이디어:

▶

▶

이 여섯 가지 원칙을 토대로 중심 아이디어를 작성한 뒤에도 최종으로 한 번 더 점검을 하는 것이 좋다. 작성한 문장이 개념적 사고를 담고 있는지, 전이 가능성과 보편성을 지니는지, 학년에 따른 학생의 발달 수준과 가치 중립성까지 고려했는지를 확인해야 한다. 만약 점검 과정에서 수정이 필요한 부분이 발견된다면, 원칙과 질문으로 다시 돌아가 문장을 다듬어 보는 것이 좋다.

표 4.13의 작성 점검표는 이런 과정을 돕기 위해 정리한 것이다. 실제 수업을 설계할 때 이 점검표를 참고하며 중심 아이디어를 다시 살펴보면, 단순한 설명을 넘어 학생들의 탐구를 이끌고 학습의 방향을 분명히 잡아 주는 살아 있는 나침반을 완성할 수 있다.

표 4.13 중심 아이디어 작성 점검표

원칙		질문	점검 결과
①	명시적 개념의 직접 사용은 지양한다	문장에 '형태', '연결' 같은 단어를 그대로 쓰진 않았는가? 대신 그 개념의 의미를 담은 언어로 표현했는가?	○ 수정 필요 ● 사용 가능
②	보편성과 전이 가능성을 확보한다	특정 지역·사례에 한정되지 않고, 다른 맥락에서도 적용 가능한 문장인가?	○ 수정 필요 ● 사용 가능
③	간결하고 명료하게 표현한다	한두 문장 안에 핵심 메시지를 담고 있는가? 불필요하게 길거나 복잡하지 않은가?	○ 수정 필요 ● 사용 가능
④	탐구 질문으로 확장 가능한지 점검한다	"왜?", "어떻게?", "무엇과 연결되는가?" 같은 탐구 질문이 자연스럽게 파생되는가?	○ 수정 필요 ● 사용 가능
⑤	학년 발달 수준에 적합하게 조정한다	저학년은 이해 가능한 단순한 언어로, 고학년은 심화된 사고를 요구하는 언어로 조정했는가?	○ 수정 필요 ● 사용 가능
⑥	가치중립적으로 표현한다	"반드시", "해야 한다"와 같은 당위적 표현이 배제되었는가? 학생들이 스스로 탐구할 여지를 남겼는가?	○ 수정 필요 ● 사용 가능

ATL과 학습자상 결정하기

UOI는 중심 아이디어만으로 완성되지 않는다. 학생들이 탐구 과정 속에서 어떤 역량을 기르고 어떤 인간상으로 성장해야 하는지를 분명히 드러내야 한다. IB PYP는 이를 위해 ATL과 학습자상을 단원 설계에 필수 요소로 포함하도록 한다.

: ATL 결정하기

ATL은 학생들이 평생 학습자로 살아가기 위해 필요한 핵심 역량이다.▶p.27 IB는 이를 사고, 조사, 의사소통, 대인관계, 자기 관리라는 다섯 가지 영역으로 구분한다. 교사는 단원을 설계할 때 이 중 어떤 기능을 특히 강조하여 지도할지를 선택해야 한다. 이때 다음의 기준을 고려할 수 있다.

- 단원의 중심 아이디어, 개념과 직접적으로 연결되는가?
- 학생들의 현재 발달 단계에서 가장 강화해야 할 기능은 무엇인가?
- 실제 생활에서 적용 가능한가?
- 국가 교육과정 성취기준이나 내용 체계의 과정·기능과 어떻게 연결되는가?

특히, 교사는 교육과정 성취기준에 담긴 과정·기능을 세밀하게 분석할 필요가 있다. 이 과정을 통해 학생들에게 필요한 기능을 도출할 수 있다. 즉, 성취기준 분석 → 과정·기능 확인 → 학습 접근 방법의 기능과 연결하는 방식으로 설계하는 것이다.

예를 들어, 사회과 성취기준 '[4사06-02] 지역의 박물관, 기념관, 유적지 등을 체험하고 지역의 역사를 이해한다'에는 자료를 탐색하고 수집한 뒤 체험한 내용을 정리하여 발표하는 과정이 포함되어 있다. 이러한 활동을 ATL과 연결하면, 학생들은 자료를 조사하는 기능뿐 아니라 자신의 경험과 생각을 정리해 타인과 나누는 의사소통 기능을 함께 기르게 된다. 마찬가지로 국어과 성취기준 '[4국03-01] 중심 문장과 뒷받침 문장을 갖추어 문단을 쓰고, 문장과 문단을 중심으로 고쳐 쓴다'는 사고 기능과 자기 관리 기능을 동시에 요구한다. 학생들은 주제를 분석하고 글의 구조를 조직하는 사고 기능을 기르며, 초고를 쓰고 수정하는 과정에서 자기 관리 기능을 함께 경험하게 된다. 미술과 성취기준 '[4미01-02] 주변 대상을 체험하며 떠오른 느낌과 생각을 표현한다'는 학생들이 관찰을 통해 얻은 감각적 경험을 창의적으로 드러내도록 한다. 이러한 과정은 시각적 자료 제작이나 디자인 표현으로 확장될 수 있으며, 그 과정에서 학생들은 대상을 다각도로 해석하는 사고 기능, 시각 언어로 의미를 전달하는 의사소통 기능, 그리고 함께 작업하며 서로의 표현을 존중하는 대인관계 기능을 동시에 경험하게 된다. 즉, 단순한 그림 그리기를 넘어서 문화유산을 예술적으로 재해석하며 표현하는 학습 경험을 제공하는 것이다. 음악과 성취기준 '[4음02-05] 우리 지역의 음악 문화유산을 찾아 듣고 국악을 즐기는 태도를 기른다'는 음악 감상과 탐구 활동을 요구한다. 학생들은 음악적 특징을 발견하고 감상 기록을 남기는 과정에서 조사 기능과 자기 관리 기능을 동시에 기른다. 예를 들어, 전통 음악을 듣고 특징을 분석하면서 탐구 태도를 익히고, 감상 과정을 꾸준히 기록하는 자기 관리 습관을 형성하게 된다. 이를 통해 학생들은 음악을 '듣는 것'을 넘어, 음악을 탐구하고 삶과 연결짓는 의미 있는 경험을 하게 된다.

각 교과의 성취기준에서 ATL과 연결 가능한 기능을 정리하면 표 4.14과 같다.

표 4.14 성취기준에서 ATL 찾기 예시

교과	과정·기능	연결 가능한 기능
국어	주제 분석, 글 구조화, 초고 수정, 설명문/소개글 작성	사고 기능, 자기 관리 기능
사회	자료 조사, 현장 체험, 토의·발표, 시간적 변화 분석	조사 기능, 의사소통 기능, 사고 기능
미술	관찰, 감각적 탐색, 시각 자료 제작, 디자인 표현	사고 기능, 의사소통 기능, 대인관계 기능
음악	음악 감상, 전통음악 탐구, 특징 분석, 감상 기록	조사 기능, 자기 관리 기능

교과 성취기준을 과정·기능의 관점에서 해석하고 ATL과 연결하면, 교사는 단원 설계에서 구체적으로 어떤 기능을 강조할지 명확히 할 수 있다. 이를 통해 학생들은 교과 학습에서 나아가 학습에 필요한 핵심적인 역량까지 기를 수 있게 된다.

교사는 모든 기능을 한꺼번에 가르치려 하기보다 집중적으로 가르칠 기능을 선택해야 한다. 예를 들어, '문화유산' 단원에서는 조사 기능과 의사소통 기능을 중심에 두고, 다른 기능들은 보조적으로 경험할 수 있도록 설계하는 것이다. 어떤 기능을 선택할지는 중심 아이디어와 명시적 개념에 따른 학습의 초점, 학생들의 발달 수준, 그리고 POI에서의 학년별 균형을 함께 고려해야 한다.

: 학습자상 선택하기

학습자상은 IB 교육이 궁극적으로 길러내고자 하는 열 가지 인간상으로, '탐구하는 사람, 지식이 풍부한 사람, 사고하는 사람, 소통하는 사람, 원칙을 지키는 사람, 열린 마음을 지닌 사람, 배려하는 사람, 도전하는 사람, 균형 잡힌 사람, 성찰하는 사람'로 구분되어 있다.▶p.22 교사는 탐구 단원마다 이 중 일부를 선택하여 단원의 맥락과 연결 짓는다. 예컨대 문화유산 단원에서는 학생들이 다양한 문화적 관점을 존중하고 새로운 관점을 수용하는 경험을 하기에, 열린 마음을 가진 사람(Open-minded)이 강조될 수 있다. 또한 문화 유산을 보존하고 알리기 위한 실천 활동에서는 책임감을 지닌 원칙을 지키는 사람(Principled), 배려하는 사람(Caring)의 자질이 함께 드러날 수 있다. 학습자상은 단원의 특정 활동뿐만 아니라 탐구의 전 과정 속에서 학생들의 태도와 행동으로 나타나도록 지도해야 한다.

⁝ ATL과 학습자상의 통합적 설계

ATL과 학습자상은 서로 긴밀하게 연결되어 학생들의 성장을 구체적으로 보여 준다. 예를 들어, 학생이 조사 기능을 발휘해 자료를 수집하고 분석하는 과정에서 사고하는 사람(Thinker)의 자질이 함께 드러난다. 또, 모둠 활동에서 협력과 조율을 실천하는 과정은 곧 대인관계 기능과 배려하는 사람 자질이 동시에 드러난다. 따라서 교사는 UOI 설계 시, 중심 아이디어와 명시적 개념을 바탕으로 "이 단원에서 학생들이 발휘하게 될 ATL 기능과 그것을 통해 드러날 학습자상은 무엇일까?"라는 질문을 반드시 던져야 한다.

⁝ 학교 전체 POI와의 균형 고려

ATL과 학습자상은 학교 전체 POI 차원에서 균형 있게 설계하는 것이 중요하다. 특정 기능이나 학습자상만을 반복적으로 강조하면 다른 역량과 태도를 경험할 기회를 잃을 수 있기 때문이다.

예를 들어, 3학년의 여러 단원에서 조사 기능만 지속적으로 강조되었다면, 다른 단원에서는 나머지 네 가지 영역의 기능에 중점을 두고 학습할 필요가 있다. 학습자상 역시 한 단원에서 탐구하는 사람(Inquirer)만 집중적으로 다룬다면 다른 단원에서는 균형 잡힌 사람(Balanced)이나 성찰하는 사람(Reflective) 등 나머지 학습자상을 다루어 수업을 구성해야 한다.

즉, 학생의 장기적이고 균형 잡힌 성장을 지원하기 위해서는 학년별, 학기별 단원 설계 과정에서 교사들이 함께 모여 탐구 프로그램 전반을 점검하고, 중복과 누락을 확인하는 과정이 필수적이라고 할 수 있다.

5장 평가 계획 세우기

평가는 학교 교육의 중심에 있으며, 그 방향과 목적은 학교가 수립한 평가 정책(Assessment Policy) 안에서 실현된다. PYP 학교의 평가 정책은 단순한 지침을 넘어서, "평가가 학생의 성장을 어떻게 지원하는가"라는 질문에 답하며 학교 공동체가 공유하는 학습 문화와 교육 목표를 드러내는 문서다. 정책은 피드백을 교수와 학습의 개선 동력으로 활용하고, 학교 기반 보고 체계를 통해 평가 정보가 다시 학습으로 환류되도록 요구한다. 따라서 평가 설계는 교사 개인의 실천에 머물지 않고, 학교 차원의 평가 정책으로 정리되어야 한다.

IB가 제시하는 네 가지 평가 차원(모니터링, 기록, 측정, 보고)을 기반으로, 학교는 평가 정책을 수립한다. 과정 중심의 모니터링, 루브릭 활용, 자기·동료 평가를 통한 학생 참여, 결과 보고 방식들을 구체적으로 담아낸다. 이렇게 마련된 정책은 교사의 단원 설계와 실행을 뒷받침하는 기준이자, 학교 전체의 평가 문화를 일관되게 만든다. 교사가 단원 수준에서 설계하는 평가는 정책의 원칙과 연결되어, 수업 속 모니터링과 기록, 루브릭을 활용한 성취기준 안내, 자기·동료 평가 기회 제공, 학부모와 공유하는 보고 방식 등으로 구체화된다.

여기에서는 UOI에서 평가를 어떻게 설계·운영·통지할 것인지, 평가 정책의 원칙이 단원 수준의 맥락에서 어떻게 실천되는지 살펴보자.

평가 설계하기

PYP 평가 요소를 포함한 평가 설계하기	▶	맞춤형 피드백 전략 및 도구 사용하기

01 PYP 평가 요소를 포함한 평가 설계하기

IB PYP에서 평가는 학습의 결과를 점수로 매기기 위한 절차가 아니라 학습을 구성하는 핵심 요소다. 평가는 학생들이 배우는 동안 무엇을 이해했는지, 어떤 기능을 길렀는지, 어떤 태도를 키우고 있는지를 보여 준다. 따라서 단원을 설계할 때 교사는 단원의 목표를 세우는 것과 동시에 평가를 함께 계획해야 한다. 평가가 단원의 맨 마지막에 덧붙는 것이 아니라, 처음부터 학생의 학습과 긴밀하게 연결되어야 하는 것이다.

무엇을 평가할 것인가?

평가를 설계할 때 교사가 가장 먼저 고민해야 할 것은 '무엇을 평가할 것인가'이다. PYP에서는 단순히 지식을 얼마나 많이 아는지를 넘어, 학생이 개념적 이해를 어떻게 드러내는지, ATL 기능을 어떻게 활용하는지, 어떤 학습자상의 자질을 보이는지를 평가한다. 예를 들어 변화라는 명시적 개념을 다루는 단원에서는 학생이 변화의 사례를 단순히 나열하는 수준에 머무르는지, 아니면 변화의 원인과 결과를 연결해 설명할 수 있는지에 따라 평가의 성취 수준이 달라질 수 있다. 마찬가지로 협력 활동에서는 조사 기능이나 대인관계 기능이 두드러지는데, 학생이 자료를 수집·정리하는 방식과 팀원과 의사소통하며 의견을 조율하는 과정 모두가 평가의 자료가 된다. 또 발표 장면에서 새로운 시도를 하거나 낯선 문제에 도전하는 모습을 보였다면, 이는 '도전하는 사람'이라는 학습자상이 드러난 것으로 볼 수 있다. 결국 PYP에서의 평가는 학생이 어떤 사람으로 성장하고 있는가를 확인하는 과정이다.

어떻게 평가할 것인가?

평가는 결과를 확인하는 데서 끝나지 않는다. 학습의 전 과정에서 드러난 학생의 말, 행동, 활동 결과물을 근거로 이루어진다. 이때 지속적인 평가(Ongoing Assessment)와 총괄평가(Summative Assessment)를 구분할 필요가 있다. 지속적인 평가는 수업 중의 질문, 토론, 탐구 활동, 자기·동료 평가처럼 배움이 일어나는 순간을 관찰하고 지원하는 평가이다. 교사는 학생의 생각과 전략을 실시간으로 파악해 피드백을 제공하고, 학생은 자신의 배움의 흐름을 조정할 기회를 얻는다.

총괄평가는 단원의 말미에서 이루어지지만, 단순히 결과를 점검하는 것이 아니라 학습 과정의 결실을 드러내는 과제이다. 학생은 탐구 속에서 준비한 자료와 생각을 새로운 맥락에 적용하거나 하나의 결과물로 표현함으로써, 이해가 얼마나 깊어졌는지를 보여 준다.

백워드 설계와 GRASPS

평가를 학습 목표와 자연스럽게 연결하려면 백워드 설계가 필요하다. 백워드 설계는 원하는 학습 결과 즉 학습 목표를 먼저 정하고, 이를 확인할 평가를 설계한 뒤, 수업을 계획하도록 안내한다. 특히 총괄평가 과제를 설계할 때는 위긴스와 맥타이(Wiggins & McTighe)가 제안한 GRASPS 틀이 유용하다. GRASPS는 평가 과제를 여섯 가지 요소, 즉 목적(Goal),

역할(Role), 대상(Audience), 상황(Situation), 결과물(Performance), 기준(Standards)으로 구조화하여, 학생이 실제 맥락에서 이해를 전이하고 표현하도록 안내한다.

표 5.1은 '문화유산' 단원에서 중심 아이디어를 바탕으로 교사가 명시적 개념으로 형태, 연결성, 책임을 선택했을 때 GRASPS 과제를 설계한 사례이다.

표 5.1 GRASPS 과제 설계 사례

중심 아이디어	문화유산은 공동체의 정체성을 드러내며, 사회에서 다양한 역할과 의미를 가진다.
명시적 개념	형태, 연결성, 책임
GRASPS **요소**	**과제 설계 사례**
목적	지역 문화유산이 공동체의 정체성을 드러내고, 사회에서 어떤 역할과 의미를 가지는지 탐구하여 알리는 자료를 만든다.
역할	문화유산 해설가
대상	지역 사회 주민
상황	우리 지역 문화유산이 공동체에 어떤 의미를 가지는지 알리고, 보존의 중요성을 전하는 자료가 필요하다는 요청을 받아 자료를 제작해야 한다.
결과물	문화유산의 형태와 특징, 공동체와의 연결성, 보존을 위한 책임을 담은 안내 책자, 전시 패널, 또는 짧은 영상 자료를 완성한다.
기준	• 문화유산의 특징과 의미가 중심 아이디어와 연결되어 설명되었는가? • 조사와 표현 과정이 충실했는가? • 결과물이 보기 좋고 이해하기 쉬운가? • 책임의 관점을 가치 중립적으로 제시했는가?

이 과제는 학생들이 단순히 문화유산의 정보를 나열하는 것을 넘어, 문화유산이 정체성과 사회적 역할을 어떻게 담고 있는지를 분석하고, 탐구의 결과를 다른 사람과 나눌 수 있는 표현으로 재구성하도록 돕는다.

지속적인 평가와 루브릭의 활용

수업 중에는 탐구 노트, 친구와의 토론, 자기 평가 등 지속적인 평가를 통해 학습의 흐름을 살핀다. 단원 말에는 GRASPS 과제를 통해 학습의 결실을 보여 준다. 총괄평가와 지속적인 평가 두 가지가 단절되지 않도록, 교사는 처음부터 학습 목표 → 평가 과제 → 증거 자료 → 루브릭을 한 흐름 안에서 설계해야 한다. 루브릭은 총괄평가뿐 아니라 과정 평가에도 참고 자료가 된다. 루브릭은 정답 여부가 아니라 이해의 깊이, 사고의 연결, 성찰의 정도에 따라 성취를 구분한다.

표 5.2는 표 5.1에서 제시한 GRASPS 과제를 기준으로 작성한 루브릭의 예시다.

표 5.2 GRASPS 과제 기준 루브릭 작성 사례

평가요소	성취 수준		
	기초 단계	발전 단계	심화 단계
개념적 이해 (형태·연결성·책임)	문화유산의 특징을 간단히 설명하지만, 정체성이나 사회적 역할과의 관계는 드러나지 않음	문화유산의 특징을 구체적으로 설명하고, 정체성 또는 사회적 역할 중 하나와의 관계를 제시함	문화유산의 형태·정체성·사회적 역할, 그리고 보존의 책임을 균형 있게 설명하며, 중심 아이디어와 자연스럽게 연결함
조사와 자료 활용	자료가 제한적이거나 출처가 불분명함, 정보가 단편적임	다양한 자료를 활용해 조사하며, 출처를 부분적으로 밝힘. 정보가 대체로 정리되어 있음	여러 출처를 균형 있게 활용하고, 자료의 신뢰성을 평가하여 풍부하고 정확한 정보를 제시함
표현과 구성	안내 자료의 구조가 다소 혼란스럽고, 글·그림·사진 등이 어색하게 배치됨	자료의 구조가 비교적 명확하며, 글과 시각 요소가 적절히 조화를 이룸	안내 자료가 보기 좋고 논리적으로 구성됨. 시각 자료와 설명이 자연스럽게 어울려 독자의 이해를 도움

책임의 관점	보존의 필요성을 간단히 언급하지만, 실천 방법이나 사회적 책임에 대한 설명이 거의 없음	문화유산 보존의 중요성을 설명하고, 개인이나 지역사회의 역할을 일부 제안함	문화유산 보존을 가치중립적으로 제시하며, 개인·공동체·사회가 함께 지켜야 할 책임을 구체적이고 균형 있게 서술함

평가에 참여한 학생은 표 5.2에 제시된 루브릭을 참고해 자신의 결과와 과정을 성찰할 수 있다. 예를 들어 한 학생이 안내 자료에서 문화유산의 형태만 나열했다면 기초 단계에 머문다. 반면 문화유산의 구조와 정체성, 사회적 의미를 균형 있게 설명하고, 보존 책임까지 논리적으로 담아냈다면 심화 단계에 해당한다.

이렇게 평가를 설계하면, 지속적 평가와 GRASPS 기반 총괄평가가 서로를 보완하며 학생들의 학습 경험을 처음부터 끝까지 연결된 하나의 흐름으로 완성할 수 있다.

02 평가 정보를 활용한 맞춤형 피드백 전략 및 도구 사용하기

평가 설계가 단원의 출발점이라면, 평가 정보를 어떻게 활용할 것인가는 교사의 또 다른 과제이다. IB PYP에서 평가는 학생의 성취를 단순히 확인하는 절차가 아니라, 그 정보를 토대로 학습을 확장하고 성장을 이끄는 과정이다. 이러한 평가 활동을 구조화하기 위해 IB는 모니터링, 기록, 측정, 보고의 네 차원을 제시한다.▶그림 5.1 이 네 가지 차원 모두 중요하지만, 그 비중은 동일하지 않다. 네 가지 영역 중 모니터링의 비중이 가장 크며, 기록과 측정, 보고는 이를 보완한다.

교사가 학습 장면에서 포착한 작은 흔적들, 질문의 방식, 토론 중 반

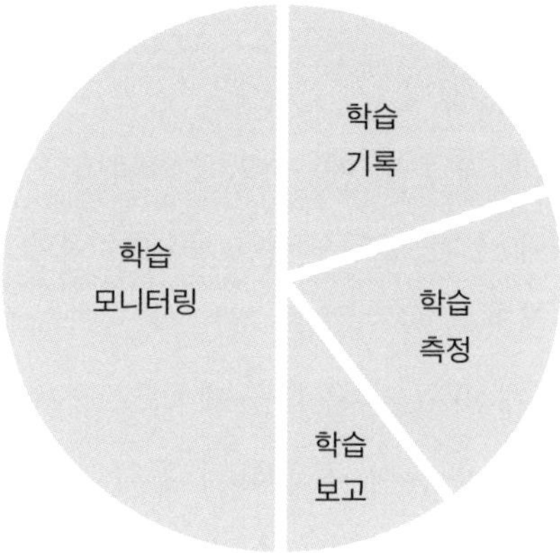

그림 5.1 학습 및 교수에 정보를 제공하기 위한 평가의 네 가지 차원(IBO, 2025, 「Learning and teaching」을 바탕으로 재구성)

응, 과제 수행 과정 등을 세심하게 관찰하고 즉각적인 피드백으로 되돌려줄 때, 평가는 학생이 다음 단계로 나아가도록 돕는 실질적 도구가 된다.

피드백을 제공할 때는 피드포워드를 지향해야 한다. 일반적으로 피드백은 이미 일어난 행동을 되돌아보고 잘한 점과 부족한 점을 확인하는 데 초점을 둔다. 반면 피드포워드는 학생이 앞으로 어떤 방향으로 나아가야 할지를 구체적으로 안내한다. 예를 들어 "이번 발표에서 자료를 많이 모은 점은 좋았어"라는 말은 피드백이다. 한편 "다음에는 자료를 모은 뒤 주제별로 분류해 보면 발표가 더 명확해질 거야"라는 말은 피드포워드이다. 교사의 언어가 과거의 진단에 머무르지 않고 미래의 학습을 위한 제안으로 확장될 때, 학생은 평가받는 대상이 아니라 학습의 주체로 서게 된다.

PYP 교실은 협력적 학습 공동체를 지향한다. 교사는 자기평가와 동료평가를 통해 학생들이 서로의 배움을 지지하고 성장을 함께 책임지는 경험을 하도록 해야 한다. 예를 들어 동료평가에서 "네 설명은 이해하기 쉬웠어. 다음에는 그림을 더 넣으면 더 좋을 것 같아"라는 말은 학급 공동체 안에서 학생들이 서로를 지지하고 발전을 도모하는 문화를 만든다. 이런 경험은 학생이 자신의 성장을 스스로 책임질 뿐 아니라, 친구의 성장에도 기여하는 태도를 길러 준다.

피드백은 학습 직후 제공될 때 가장 효과적이다. 학생의 발화나 행동을 관찰한 후 그 자리에서 바로 피드백을 주어야 학습 맥락이 살아나기 때문이다. 이렇게 즉각적으로 주어지는 피드백은 학생이 자신이 무엇을 잘하고 있는지를 인식하게 하고, 다음 학습에 바로 적용할 수 있도록 돕는다.

또한 모호한 칭찬은 학습을 촉진하지 못한다. "잘했어" 같은 일반적인 표현보다는 "네가 친구의 의견을 끝까지 경청한 점이 인상적이야"와 같이 구체적인 표현이 학생의 성장을 이끈다. 구체적 피드백은 학생이 스스로 어떤 행동을 반복하고 발전시켜야 할지 분명히 알게 한다. 피드백은 부족한 점을 지적하는 데 그치지 않고, 먼저 학생의 강점을 확인하는 데서 출발해야 한다. 강점이 인정될 때 학생은 자신감을 얻고, 더 나은 시도를 하려는 동기를 얻는다. 예를 들어 "네가 다양한 자료를 모은 점은 참 좋았어. 다음에는 그 자료를 주제별로 정리해 보면 더 효과적일 거야"라는 말은, 강점을 확인하면서 동시에 발전 방향을 제시한다.

한편 교사의 언어는 학생이 쉽게 이해할 수 있어야 한다. 어려운 전문용어나 추상적인 표현보다는 학생의 생활 세계와 연결된 언어가 필요하다. 예를 들어 "정체성" 보다 "너 자신을 잘 아는 것"이라고 말할 때 훨씬 더 쉽게 이해하고 자신의 배움과 연결할 수 있다.

피드백을 통한 성장 중심 평가

교사는 루브릭, 포트폴리오, 자기평가 등 다양한 피드백 도구를 활용하여 학생의 학습 과정을 지원한다. 여기에 AI 피드백▶p.86이 더해지면, 즉각적이고 반복 가능한 조언을 통해 학생은 자신의 학습을 스스로 점검하고 개선할 수 있다. 그러므로 교사가 다양한 피드백 도구를 활용할 때, 평가는 결과를 판단하는 절차가 아니라 배움의 여정으로 확장된다.

⁝ 루브릭

루브릭은 학생의 성취 수준을 단계별로 구분하여 학습의 강점과 발전점을 드러내는 대표적 도구다. 설계 단계에서는 교사가 학생에게 기대하는 수준을 명확히 안내하는 기준이 되고, 실행 단계에서는 피드백과 자기 성찰의 근거로 기능한다. 예를 들어 '탐구 질문 만들기' 활동에서 루브릭을 활용한다면, 1단계는 단순한 사실 질문, 2단계는 원인·결과를 묻는 질문, 3단계는 개념과 연결된 질문, 4단계는 사회적 의미를 성찰하는 질문으로 제시할 수 있다. 이를 통해 학생은 자신이 어느 수준에 도달했는지 확인하고, 더 높은 수준으로 나아가기 위해 무엇을 시도해야 하는지를 알게 된다.

⁝ 배움 노트와 포트폴리오

배움 노트와 포트폴리오는 학습 과정을 시각화하여 학생 스스로 성장 과정을 확인할 수 있게 한다. 교사는 기록을 근거로 구체적인 피드포워드를 제공할 수 있다. 예를 들어 과학 단원에서 학생이 실험 과정을 사진과 글로 정리한 배움 노트를 작성하면, 교사는 "실험 절차를 꼼꼼히 기록했구나. 다음에는 관찰 결과를 그래프로 표현해 보면 더 명확해질 거야"라는 피드포워드를 줄 수 있다. 포트폴리오에 누적된 글쓰기 결과물을 함께 살펴보면 학생은 "내가 문단을 구성하는 능력이 점점 나아지고 있구나"라는 자기 성찰을 할 수 있다.

⁝ 자기평가와 동료평가

자기평가는 학생이 자신의 학습을 되돌아보도록 하는 도구이다. 예를 들어 토론 후 "오늘 나는 내 생각을 명확히 말했는가?", "친구의 의견을 경청했는가?"와 같은 질문에 스스로 답하도록 한다면, 학생은 자기 주도적 성찰을 경험할 수 있다. 한 학생이 "글을 너무 짧게 썼다"라고 기록했다면, 교사는 "다음 글에서는 '왜냐하면'으로 이유를 한 문장, '예를 들면'으로 예시를 한 문장만 추가해 보자. 이 두 문장이 글의 내용을 더 분명하게 보여 줄 거야"라는 구체적인 피드포워드를 제공할 수 있다.

반면 동료평가는 단순히 긍정적인 피드백 문화를 조성하는 것을 넘어, 학생의 사고와 성장을 촉진하는 중요한 학습 과정이다. 예를 들어 글쓰기 활동에서 '두 개의 별과 한 개의 소망(Two Stars and A Wish)' 도구를 활용한다면, 학생은 친구의 글을 읽고 장점 두 가지와 발전할 점 한 가지를 적는다. "너의 글은 읽기 쉽게 문단이 잘 나뉘어 있었어", "재미있는 예시를 들어서 이해가 쉬웠어"와 같은 장점 두가지와 "다음에는 마무리 부분을 조금 더 길게 써 주면 좋겠어"라는 발전할 점을 제시할 수 있다. 이처럼 친구의 글이나 작업을 평가하면서 학생은 기준을 다시 인식하고, 타인의 강점을 통해 자신의 발전 방향을 발견한다. 또한 피드백을 주고받는 과정에서 표현력과 공감 능력이 함께 자라며, 학습을 공동의 책임으로 인식하게 된다. 그리고 이러한 동료평가는 긍정적이면서도 건설적인 피드백 문화 형성을 돕는다.

두 개의 별과 한 개의 소망

두 개의 별	한 개의 소망
★	
★	

: 형성평가 도구

체크리스트,▶표 5.3 사고 과정 질문 카드,▶표 5.4 학습자상 성찰 활동지▶표 5.5는 학생의 학습 과정을 기록하고 교사가 맞춤형 피드백을 제공하는 근거가 된다. 예를 들어 미술 수업에서 체크리스트를 활용해 "색을 조화롭게 사용했는가?", "작품의 주제를 분명히 표현했는가?"를 확인한다면, 교사는 학생이 스스로 부족한 부분을 찾고 개선할 수 있도록 안내할 수 있다.

사고 과정 질문 카드는 학생이 자신의 사고 과정을 단계별로 점검하도록 돕는다. 예를 들어 "이 문제를 해결하기 위해 어떤 방법을 떠올렸는가?", "다른 방법도 시도해 볼 수 있을까?"와 같은 질문을 통해 사고의 폭을 확장하게 한다.

학습자상 성찰 카드는 학생이 학습 과정 속에서 자신의 태도와 행동을 IB 학습자상의 속성과 연결하여 되돌아보도록 돕는다. 예를 들어 수업 후 "오늘 나는 모둠원들과 적극적으로 소통하였는가?", "새로운 아이디어를 탐구할 때 호기심을 보였는가?"와 같은 문항을 통해, 학생은 학습자상의 속성을 구체적인 경험 속에서 성찰할 수 있다.

표 5.3 체크리스트 예시

오늘 미술 수업에서 내가 잘한 점과 더 노력할 점을 확인해 보세요

항목	예	아니요	더 노력하기
색을 조화롭게 사용했나요?			
작품의 주제를 분명히 표현했나요?			
계획한 순서대로 작업을 진행했나요?			
필요한 도구를 스스로 준비하고 정리했나요?			

표 5.4 사고 과정 질문 카드 예시

내 생각이 어떻게 발전했는지 돌아보는 시간이에요

항목	내 생각
이 활동을 시작할 때 어떤 방법을 떠올렸나요?	
활동 중 어려움이 있었다면 어떻게 해결하려고 했나요?	
다른 방법도 시도해 볼 수 있었나요? 있다면 무엇인가요?	
다음에 같은 활동을 다시 한다면 어떻게 개선하고 싶나요?	

표 5.5 학습자상 성찰 활동지 예시

소통하는 사람	탐구하는 사람

□ 내 생각을 논리적으로 말하고 설명했나요? □ 친구의 의견을 적극적으로 듣고 존중했나요?	□ 새로운 아이디어를 탐구할 때 호기심을 보였나요? □ 스스로 질문을 만들고 답을 찾기 위해 노력했나요?

AI를 활용한 글쓰기 피드백

AI를 보조 도구로 활용하여 학생의 학습을 지원하는 시도가 점차 확대되고 있다. 특히 글쓰기 활동에서 AI는 즉각적이고 반복 가능한 피드백을 제공한다는 점에서 큰 장점을 가진다.

제주의 한 초등학교 5학년 학생들은 총괄평가 과제로 편지를 작성하면서 매직스쿨(MagicSchool)의 글쓰기 피드백 기능을 활용하였다. 교사가 미리 루브릭을 기준으로 설정한 평가 항목을 AI에 적용하자, 학생들은 글을 작성한 뒤 AI로부터 곧바로 피드백을 받을 수 있었다. 예를 들어 AI는 한 학생의 글에 대해 "사실 제시는 충실했으나, 문단 간 연결이 부족하다"라고 분석했다. 같은 글을 읽은 교사는 "문단의 주제를 분명히 드러내면 글이 더 명확해질 거야"라는 보완적 피드포워드를 제공하였다.

학생들은 교사와 AI가 각각 제공한 피드백을 종합하여 글을 다시 수정했고, 이 과정에서 루브릭의 기준 가운데 하나인 '논리적인 사고 전개'에 더욱 주목하게 되었다. 실제로 학생들은 10회 이상 피드백을 받아 글을 발전적으로 수정하였다.

이 수업은 몇 가지 중요한 의미를 남겼다. 첫째, 심리적 안정감이다. 학생들은 AI가 자신을 평가하는 존재가 아니라 글 자체를 분석한다고 인식했기 때문에 부담 없이 피드백을 수용할 수 있었다. 둘째, 객관성에 대한 신뢰이다. 교사나 동료의 피드백보다 AI의 피드백을 더 중립적이라고 느끼며 수용하는 경우가 많았다. 셋째, 즉각성과 반복성이다. AI의 빠른 응답은 학생이 곧바로 수정에 반영할 수 있게 하고, 무한 반복을 가능하게 하여 자기 글을 스스로 다듬는 과정을 촉진했다.

결과적으로 학생들은 글쓰기 과정 속에서 자기 성찰과 성장을 경험하게 되었다. 교사의 피드포워드와 AI의 즉각적 피드백이 상호 보완되면서, 평가가 학습을 촉진하는 힘으로 전환된 것이다.

03 평가 통지 방식 결정하기

평가는 설계와 실행에 이어 통지 방식을 어떻게 구성하느냐에 따라 그 의미가 달라진다. 학생, 학부모, 교사에게 어떤 방식으로, 몇 번, 어떤 내용을 전달할 것인지를 정하는 일은 학교의 평가 철학을 구체화하는 과정이기도 하다. IB PYP에서 통지는 단순히 성취를 알리는 절차가 아니라 학습의 과정을 함께 성찰하고, 다음 단계를 안내하는 중요한 장치로 이해된다.

통지의 시기와 횟수

학교는 먼저 평가 결과를 몇 번, 언제 통지할 것인지를 결정해야 한다. 많은 학교가 학기 중간에 한 차례, 학기 말에 한 차례 성적을 통지한다. 중간 통지는 주로 형성평가 결과와 과정 중심의 피드백을 공유하여 학습 방향을 조정하는 데 초점을 두고, 학기 말 통지는 총괄평가 결과를 포함하여 학생의 성장 전반을 조망하는 데 사용된다. 학교에서는 몇 번의 통지를 언제 할지 결정하는데, 이러한 통지를 통해 학생과 학부모 모두 학습 과정을 실질적으로 이해하고, 향후의 목표를 함께 설정할 수 있다.

통지 방식

통지는 시기뿐 아니라 방식에서도 다양하게 이루어질 수 있다. 학교는 교사-학부모 컨퍼런스, 학생 주도 컨퍼런스, 서면 통지표 등 여러 형태를 통해 학습의 결과와 과정을 공유한다. 이러한 다양한 통지 방식은 학생, 학부모, 교사가 함께 학습의 의미를 이해하고 성장의 방향을 협의하는 기회를 제공한다.

: 교사-학부모 컨퍼런스

교사가 학부모에게 학생의 학습 성취와 과정, 태도에 대해 직접 설명하는 자리이다. 단순히 결과를 전달하는 것이 아니라, 교사가 수업 속에서 관찰한 학생의 강점과 발전점을 구체적 사례와 함께 공유한다. 학부모는 이를 통해 가정에서 학생의 성장을 지원할 수 있는 방법을 찾을 수 있다. 많은 학교에서 학부모 상담주간을 교사-학부모 컨퍼런스 형식으로 운영한다. 이때 중요한 것은 학생의 학습 여정을 함께 나누고 성장의 방향을 협의하는 자리로 만드는 것이다.

예를 들어 2학기 상담주간에 한 교사는 학부모를 교실로 초대하여 학생의 포트폴리오와 루브릭 기록을 기반으로 상담을 진행하였다. 교사는 "이번 단원에서는 발표 활동 중 강점을 보였지만, 토론에서는 다소 소극적이었습니다. 집에서 가족과 함께 토론 주제를 정해 작은 대화를 시도해 보시면 좋겠습니다"라고 안내하였다. 학부모는 학교에서의 관찰 내용을 듣고, 가정에서 지원할 수 있는 방법을 같이 고민하며 기록에 남겼다. 이 과정에서 통지는 단순히 학교의 일방적 안내가 아니라, 가정과 학교가 학생 성장을 함께 책임지는 기회가 된다.

: 학생 주도 컨퍼런스

학생 주도 컨퍼런스는 PYP 학교가 즐겨 활용하는 방식이다. 이 자리에서 학생은 평가의 대상이 아니라, 자신의 학습 과정을 설명하는 발표자로 선다.

예를 들어 5학년 학생은 부모 앞에서 UOI 포트폴리오를 펼쳐 보이며 말했다.

"처음에는 민주적 의사결정이 단순히 다수결을 따르는 것이라고 생각했어요. 그러나 토론과 역할극을 경험하면서 소수 의견을 경청하는 것 역시 중요하다는 점을 깨닫게 되었어요. 따라서 이번 단원에서 '열린 마음을 지닌 사람'으로 성장한 것이 가장 의미 있는 배움이었어요."

학생의 발표가 끝난 뒤, 부모는 질문을 던졌다.

"그렇다면 네가 집에서 결정해야 할 일이 생겼을 때, 어떤 점을 다르게 해 보고 싶니?"

학생은 "예전에는 제 생각만 말했는데, 이제는 먼저 동생 의견을 들어보고 싶어요"라고 답했다. 이때 교사는 조력자로 자리한다. 학생이 스스로 학습을 성찰하고 말로 표현할 수 있도록 사전에 질문지를 제공하거나, 발표 순서를 정리해 주는 역할만을 하는 것이다. 학부모는 자녀의 목소리를 통해 성장 과정을 확인하고, 가정에서의 실천 방안을 함께 모색한다.

⁝ 통지표(Report card)와 구성 내용

통지표는 서면 형태로 제공되는 통지 방식이다. 종이형 통지표는 전통적인 방식이지만, PYP의 철학을 반영하여 학교에 맞게 새롭게 작성할 수 있다. 통지표에는 UOI에서 평가해야 하는 개념적 이해의 발달 정도, ATL 기능 발휘 수준, 학습자상 자질의 성장을 담아야 한다. 또한 학교의 평가 정책에 따라 자기평가와 학부모 의견란을 함께 두어, 학생과 학부모의 목소리를 평가 기록에 반영할 수도 있다. 이를 통해 학생은 자기 성찰을 통해 학습 과정을 주체적으로 돌아보고, 학부모는 자녀의 성장을 가정의 시선에서 기록하며 학교와 소통할 수 있다.

PYP 통지표의 핵심은 단순히 학생의 성취 결과를 기록하는 데 있지 않다. 통지는 학생의 배움의 과정을 드러내고, 그 속에서 어떤 성장과 변화를 경험했는지 공유하는 장치다. 따라서 통지표는 개념적 이해, ATL 기능 발휘, 학습자상 자질의 성장이라는 세 가지 축을 중심으로 구성된다. 이 세 가지 축은 상호 보완적이다. 개념적 이해는 학습의 깊이를, ATL 기능은 역량의 적용을, 학습자상 자질은 태도의 성장을 나타낸다. 함께 기록될 때 학생의 배움이 다층적으로 드러난다.

또한 PYP 통지표는 학생과 학부모의 목소리까지 반영한다. 학생은 자기평가를 통해 학습 과정을 성찰하고, "처음에는 민주적 의사결정을 단순한 다수결로 생각했지만, 이제는 소수 의견을 존중하는 것이 중요하다는 것을 알게 되었다"와 같은 문장을 작성할 수 있다. 학부모는 가정에서 관찰한 자녀의 변화를 기록해 교사와 공유한다. 이 과정에서 통지표는 일방적 보고가 아니라, 학교–가정–학생이 함께 성장의 의미를 만들어 가는 장치로 기능한다.

형식 면의 다양화도 가능하다. 종이형 통지표는 여전히 공신력이 있으며, 그 안에 학생 성찰 문장, 교사의 피드포워드, 학부모 의견을 함께 담을 수 있다. 디지털 통지 시스템과 병행한다면 학생의 포트폴리오나 활동 사진·영상을 담아 학습 과정을 보다 생생하게 공유할 수 있다.

나이스(NEIS) 평가와의 비교

현재 학교에서 사용하는 나이스 성적처리 시스템은 교과 성취기준을 기반으로 한 영역별 성취 수준(상·중·하 등급)으로 구성되어 있다. 이 체계 안에서도 일부 PYP의 철학을 반영할 수 있는 여지는 존재한다. 예를 들어 교과별 세부 특기사항에 학생이 단원에서 발휘한 ATL 기능이나 학습자상 자질을 기록할 수 있다. "자료를 정리하며 자기 관리 기능을 발휘하였다", "토론 과정에서 친구의 의견을 존중하며 배려하는 태도를 보였다"와 같은 문장은 실제로 나이스의 기록 안에서도 충분히 활용될 수 있다.

그러나 구조적 한계 역시 분명하다. 나이스 시스템은 국가 성취기준 중심으로 설계되어 있어 교사가 학생의 개념적 이해, ATL 기능, 학습자상 자질을 종합적으로 드러내는 데 제약이 따른다. 특히 자기평가나 학부모 의견처럼 학생과 가정의 목소리를 통지표 안에 직접 반영하는 부분은 현재의 나이스 체계만으로는 구현하기 어렵다.

따라서 학교가 IB형 평가 통지를 시도한다면, 나이스에 입력하는 공식 기록 외에 추가적인 학교 자체 시스템을 병행할 필요가 있다. 예를 들어 학생 성찰 카드, 학부모 의견서, 포트폴리오 면담 기록 등을 함께 운영함으로써 학습 과정을 더 충실히 드러낼 수 있다. 또한 UOI의 평가와 나이스 평가를 일치시켜, UOI에서 이루어진 평가가 그대로 나이스 기록으로 연결될 수 있도록 설계하는 것도 한 방법이다. 이 과정에서 학교는 나이스 평가를 어떻게 활용할 것인지에 대해 교사 간 협의를 통해 원칙을 세울 필요가 있다.

아울러 나이스의 교과별 세부 특기사항 작성 시점을 학기별이 아닌 학년 단위로 조정하는 것도 고려할 수 있다. 예를 들어 한 학기마다 간단한 과정 기록을 축적하고, 학년 말에 이를 종합하여 학생의 개념적 이해와 성장을 더 구체적으로 서술하는 방식이다. 이렇게 하면 교사가 평가의 측정과 보고에 과도한 시간을 소모하지 않고도, PYP가 지향하는 과정 중심의 평가를 나이스 체계 안에서 보다 효율적으로 통합할 수 있다.

평가 결과 제시 방식의 다양성

PYP 통지표는 교사·학생·학부모가 함께 참여하여 학습 과정을 확인하고 성장을 공유하는 장치로 설계된다. 따라서 평가 결과를 어떻게 제시할 것인가는 학교의 평가 철학을 드러내는 중요한 결정이다.

첫째, 교사는 학생의 성취 수준을 서술형으로 기록할 수 있다. 예를 들어 "학생은 민주적 의사결정 단원에서 토론 활동에 성실히 참여하며, 협력적 태도를 꾸준히 보였다"와 같은 문장은 교사의 관찰을 바탕으로 학생의 성장을 드러낸다. 동시에 교사는 성취기준에 따른 도달 여부를 체크 형태로 제시할 수도 있다. "의사 결정 과정의 원리를 이해한다", "법과 규칙의 역할을 설명한다"와 같은 구체적 성취기준을 제시하고, 학생이 '시작–발달–도달' 중 어디에 해당하는지 표시하는 방식이다. 이는 학부모가 학생의 성취 수준을 한눈에 이해하도록 돕는다.

둘째, ATL 기능과 학습자상 자질은 학생의 자기 평가를 통해 반영할 수 있다. 예를 들어 "나는 토론에서 내 의견을 분명히 말했다", "나는 친구 의견을 끝까지 들을 수 있었다"와 같은 자기 진술은 학생이 자신의 강점과 발전점을 직접 성찰하도록 한다. 이러한 자기 평가 항목은 교사가 일방적으로 채우는 기록과는 달리, 학생이 학습의 주체로 서도록 만든다.

셋째, 학부모 역시 통지 과정에 참여할 수 있다. 교사가 작성한 평어를 단순히 읽는 것에서 그치지 않고, 질문 형태로 안내할 수 있다. "이번 단원에서 자녀가 가장 자랑스러워한 활동은 무엇입니까?", "앞으로 어떤 부분에서 더 도전이 필요하다고 생각하십니까?"와 같은 질문은 학부모가 자녀와 대화하며 학습을 확인하도록 이끈다. 또 학교는 UOI의 평가 루브릭을 함께 제공하여, 학부모와 학생이 포트폴리오를 보며 성취 정도를 직접 점검하게 할 수도 있다. 이렇게 수집된 대화 내용은 다시 학교로 환류되어, 교사의 평가 기록을 보완하는 자료가 된다. 결국 통지표에 포함된 평가 영역 및 평가 주체에 따라 통지표를 제시하는 방식은 달라질 수 있다.

표 5.6 통지 내용의 다양한 구성 방식의 예

지식 및 개념적 이해 평가

탐구 단원 성취 결과		교사 평가		
LOI 1	영화 <메이의 새빨간 비밀>을 보고, 모둠 친구들과 협력하여 주인공의 생각을 시각적으로 나타내고, 각자 자신의 상황과 비교하는 글쓰기를 하며 사춘기의 신체적, 감정적, 사회적 변화를 조사함.	**확장**	발달	시작
LOI 2	See-Think-Wonder 전략을 사용하여 영화 <Wonder>를 보면서 또래 관계가 우리 생활에 미치는 영향을 알아보고, 모둠 친구들과 이야기 나누며 진정한 친구는 어떤 존재인지 판단하는 기준을 세움.	**확장**	발달	시작
LOI 3	온책읽기 <다이너마이트>와 ATL 활동(나 알아보기, PMI 토론)을 통하여 자아 정체성의 중요성을 이해하고, 사춘기 동생에게 조언 또는 설명하는 편지를 씀.	**확장**	발달	시작

ATL 자기 평가

학습 접근 방법	내용	자기 평가		
사고 기능	☑ 나는 영화를 보고 주인공과 나를 비교하여 유사점 및 차이점을 찾을 수 있습니다. ☑ 나는 사춘기의 변화를 나의 상황과 연결하여 생각할 수 있습니다. ☑ 나는 나의 장점과 개선해야 할 부분을 파악할 수 있습니다.	**확장**	발달	시작
자기관리 기능	☑ 나는 내적, 외적으로 산만한 마음 상태에서도 마음을 차분히 정리할 수 있습니다. ☑ 나는 어떤 장애물이나 도전에 직면했을 때 끈기 있게 해결하려고 합니다. ☑ 나는 내가 무엇을 해야 하는지 알고, 주도적으로 움직입니다.	확장	**발달**	시작
대인관계 기능	☑ 나는 나의 감정, 생각, 행동을 조절할 수 있습니다. ☑ 나는 열린 마음을 가지고 있으며, 존중의 실천을 통해 다름을 인정하고 이해합니다. ☑ 나는 다른 사람들이 갈등을 겪고 있을 때 중재자 역할을 할 수 있습니다.	**확장**	발달	시작

학습자상 자기 평가

이번 탐구 단원에서 추구하는 학습자상을 어떻게 실천했는지 스스로 평가해 봅시다		자기 평가		
성찰하는 사람	☑ 나는 자기 생각, 경험, 주변의 세상에 대해 깊게 생각합니다. ☑ 나는 나의 강점과 약점을 이해하여 학습과 성장에 도움이 되도록 노력합니다.	확장	발달	시작
균형잡힌 사람	☑ 나는 지적, 물리적, 정서적 균형을 이루는 것이 중요하다는 것을 이해합니다. ☑ 나는 우리가 살아가는 세상은 서로 연결되어 있음을 알고 있습니다.	확장	발달	시작
소통하는 사람	☑ 나는 다양한 방법으로 창의적이고 자신 있게 나 자신을 표현합니다. ☑ 나는 다른 친구들과 모둠의 의견을 경청하며 효과적으로 협력합니다.	확장	발달	시작

탐구 단원 성찰 ♥ 여러분의 탐구 활동 과정을 '성찰 에베레스트 산'으로 표현하고, 부모님께 설명해 드립니다.

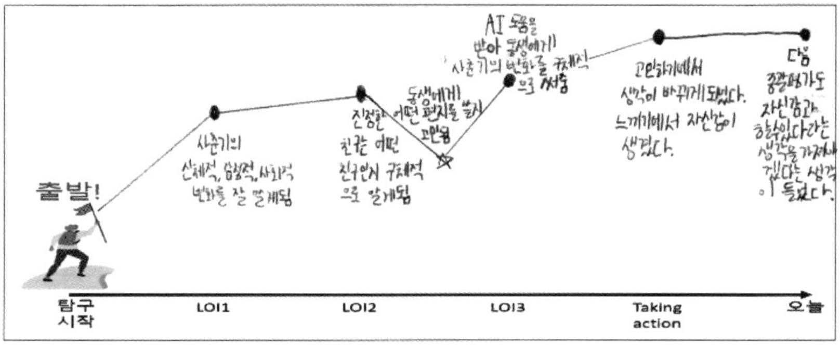

학부모 의견 ♥ 자녀들과 '성찰 에베레스트 산'을 보면서 이렇게 이야기 나눠 주세요.

① 이번 탐구 단원에서 가장 기억에 남는 활동은 무엇이고, 그 이유는 무엇이니?

② 이번 탐구 단원에서 배운 내용을 어떻게 실천하면 좋을까? 같이 계획을 세워볼까?

听了孩子的讲解，我也学到了很多关于青春期变化的内容。看到她在面对朋友情绪变化时，有了新的思考与理解，我感受到了她的成长。尤其谈到自己自信心的变化时，我感到很开心。

希望馨钰今后能继续表达自己的情绪，同时理解朋友的心情，成为一个温暖又有力量的孩子。我们也会多花时间多聊天，交流，一起面对青春期带来的各种变化。

그림 5.2 자기성찰 및 학부모 피드백 예시

6장 탐구 단계에 따른 학습 경험 설계하기

IB PYP 수업에서 탐구는 질문으로 시작하여 탐색과 연결, 실천과 성찰로 이어지는 유기적인 과정이다. 이 책에서 제시하는 탐구 모형은 〈질문하기 – 탐색하기 – 연결하기 – 실천하기 – 성찰하기〉 단계로 구성되어 있으며, 그림 6.1과 같이 순환 구조를 이루어 각 단계가 서로 긴밀히 맞물려 진행한다.

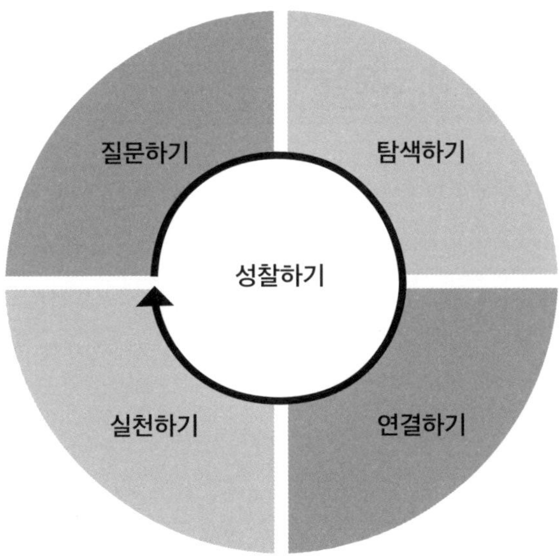

그림 6.1 탐구 모형 도식

실제 수업에서는 하나의 LOI 안에서도 '탐색하기 – 연결하기'가 여러 차례 반복되기도 하는데, 이는 탐구가 정해진 절차를 따라가는 선형적 과정이 아니라, 학생의 사고와 배움에 따라 끊임없이 조정되고 확장되는 살아 있는 과정임을 보여 준다. 여기서 중요한 점은, 이러한 탐구 단계가 교사가 제공하는 다양한 전략을 통해 교실 속에서 구체적으로 실현된다는 것이다. 다시 말해, 탐구 단계가 학습의 큰 흐름을 안내하는 '지도'라면, 전략은 그 지도를 따라 학생이 실제로 길을 찾아 나아가도록 돕는 '길잡이'와 같다.

학습경험 설계하기

질문하기 ▶ 탐색하기 ▶ 연결하기 ▶ 전이하기 ▶ 성찰하기

01 탐구의 출발점, 질문하기

질문하기는 단순히 "무엇이 궁금한가?"를 묻는 시간이 아니다. 한 단원 전체 탐구의 방향을 여는 출발점이다. 이 단계의 목표는 학생이 스스로 탐구의 출발선을 설정하도록 돕고, 그 과정에서 중심 아이디어와 연결된 의미 있는 질문으로 사고를 확장하도록 안내하는 데 있다.

사전 지식 파악하기

교사는 학생들이 흥미를 잃지 않으면서도 탐구의 큰 흐름을 따라가도록 질문의 틀과 자료를 의도적으로 설계해야 한다. 학생들이 자유롭게 묻고 싶은 것을 표현하도록 격려하되, 그 질문이 단원의 중심 아이디어,

LOI, 명시된 개념과 자연스럽게 이어질 수 있도록 구조를 마련한다. 이때 중요한 것은 단원이 교사만의 계획이 아니라, 학생과 교사가 함께 길을 만들어 가는 여정이 되도록 하는 것이다. 교사는 학생의 호기심을 탐구 과제로 엮는 설계자다. 따라서 질문하기 단계는 단원의 성공을 가늠하는 척도가 된다.

예를 들어, 중심 아이디어가 "문화유산은 공동체의 정체성을 드러내며, 사회에서 다양한 역할과 의미를 가진다"일 때 교사는 먼저 학생들의 배경지식과 흥미를 탐색한다. "여러분이 알고 있는 우리 지역 문화유산은 무엇이 있나요?", "그것은 왜 중요한 것 같나요?"와 같은 질문을 던지며 학생들의 사전 지식을 파악할 수도 있다. 학생들이 탐구해야 할 질문을 스스로 끌어낼 수 있도록, 교사는 다양한 전략을 계획적으로 활용한다. 간단한 질문으로 학생들이 알고 있는 내용을 확인하고, 네모퉁이 토론▸p.98과 같은 활동을 통해 사전 지식을 자연스럽게 드러내도록 유도할 수 있다. 네모퉁이 토론은 학생들이 서로 다른 관점을 탐색하고 자신의 생각을 정당화하는 참여형 토론 기법이다. 이 활동은 교사가 제시한 주제 문장을 바탕으로 학생들이 자신의 입장을 선택하고, 그 이유를 논리적으로 말하며 다른 관점을 비교하는 과정으로 이루어진다. 이를 통해 교사는 학생이 어떤 증거를 바탕으로 사고하는지, 어떤 어휘를 사용하는지를 확인할 수 있어 사전 지식을 파악하는 데 도움이 된다. 또 사진이나 실물 자료를 제시하고 See－Think－Wonder 전략▸p.98을 적용해 탐구로 이어질 질문을 자연스럽게 모을 수도 있다.

결국 질문하기 단계의 핵심은 학생들로부터 궁금한 질문을 이끌어내고, 그 질문이 이후 탐구로 이어지도록 설계하는 것이다. 이를 위해 교사는 질문을 만드는 다양한 방법과 전략을 익숙하게 다루고, 학급의 맥락에 맞게 선택·활용해야 한다. 이어서 소개할 구체적인 질문 만들기 전략들은 교사가 이러한 과정을 실천하는 데 도움이 될 것이다.

네 모퉁이 토론(Four Corner Debate) 활동 방법

1. 교실에 '매우 그렇다(Strongly Agree)', '그렇다(Agree)', '그렇지 않다(Disagree)', '전혀 그렇지 않다(Strongly Disagree)' 네 구역을 만든다.
2. 교사가 하나의 주제 문장을 제시한다.
   예) 모든 문화유산은 중요하다.
3. 학생들은 교사의 주제 문장을 듣고 자신의 의견과 가장 비슷한 곳으로 이동한다.
4. 같은 모퉁이에 모인 친구들과 왜 그렇게 생각하는지 이야기를 나누며 모퉁이의 의견을 정리한다.
5. 네 개의 모퉁이의 대표가 자신들이 왜 그렇게 생각하는지 발표한다.
6. 각 모퉁이의 의견을 듣고 입장이 바뀐 경우 해당 모퉁이로 이동한다.
7. 모퉁이를 바꾼 친구는 왜 바꾸었는지는 이유를 설명한다.

질문을 확장하기

교사는 사전 지식을 확인하며 질문을 확장하는 다양한 전략을 활용할 수 있다. 대표적인 방법으로 KWL 차트와 See–Think–Wonder가 있다. KWL 차트는 학생들이 '이미 알고 있는 것(K)'과 '궁금한 것(W)'을 정리하게 하여 질문을 구조화할 수 있도록 돕고, 학습이 끝난 뒤에는 '배운 것(L)'을 기록하며 자기 성찰까지 연결된다. 예를 들어 '도시' 단원 도입에서 학생들은 "도시에 대해 내가 알고 있는 것과 알고 싶은 것"을 적은 뒤, 탐구 후 "배운 것"을 추가하면서 학습의 흐름을 스스로 점검한다. See–Think–Wonder는 그림, 사진, 영상을 제시한 뒤, "보이는 것(See), 떠오르는 생각(Think), 궁금한 것(Wonder)"을 적도록 하여 자연스럽게 질문을 만들어 내는 방법이다. 예를 들어 환경오염 사진을 보여 주고 "이 장면에서 무엇이 보이나요?", "이 상황을 보며 어떤 생각이 드나요?", "이와 관련해 무엇이 궁금한가요?"를 묻는다면, 학생들은 사실적 질문에서 출발해 점차 개념적 질문으로 나아갈 수 있다.

좋은 질문을 만드는 방법

단순히 "궁금한 것을 적어 보라"고 할 경우 학생들은 사실 확인형 질문(예: "고양이는 몇 년을 살까요?")에 머무르기 쉽다. 교사는 좋은 질문이 깊이 있는 탐구로 이어지는 질문임을 알려 주고, "왜", "어떻게"로 시작하는 질문이 개념적 탐구로 확장된다는 점을 보여 준다. 예를 들어 "고양이는 몇 년을 살까요?"라는 질문을 "왜 고양이의 수명은 사람보다 짧을까요?"로 바꿀 수 있도록 안내한다.

: 육하원칙(누가, 언제, 어디서, 무엇을, 왜, 어떻게)에 따라 질문 만드는 연습하기

학생들은 한 주제에 대해 여섯 가지 시각에서 질문을 만들어 보고, 그중 탐구로 발전할 수 있는 질문을 골라낼 수 있다. 예를 들어 '환경오염'이 주제일 때, "누가 환경을 오염시키나요?", "언제 문제가 가장 심각해지나요?", "왜 이런 일이 일어나나요?", "어떻게 줄일 수 있을까요?"와 같이 질문을 다양화할 수 있다. 이는 학생들이 질문의 폭을 넓히는 데 도움이 된다.

저학년의 경우에는 육하원칙 자체를 익히는 연습이 필요하다. 이를 위해 아침 활동 시간에 전날 있었던 일을 나누며 질문을 만드는 연습을 할 수 있다. 예를 들어 한 학생이 "나는 어제 해수욕장에 갔어."라고 말하면, 다른 학생들은 "왜 해수욕장에 갔어?", "누구랑 갔어?", "무엇을 했어?", "언제 갔어?", "어느 해수욕장에 갔어?", "어떻게 갔어?"와 같은 질문을 던질 수 있다. 이러한 활동은 답이 정해진 폐쇄형 질문과 답이 정해지지 않은 개방형 질문의 차이를 경험하게 하며, 학생들이 점차 좋은 질문의 특징을 이해하도록 돕는다.

⋮ 일곱 가지 명시적 개념으로 질문 만들기

교사가 명시적 개념을 제시하면 학생들은 각 개념에 맞는 질문을 생성한다. 예를 들어 '도시'를 주제로 할 때, "형태: 도시는 어떤 모습으로 이루어져 있나요?", "기능: 도시는 어떤 역할을 하나요?", "인과관계: 도시가 커진 이유는 무엇일까요?", "변화: 도시는 어떻게 변해 왔나요?", "연결성: 도시는 농촌과 어떻게 연결되어 있나요?", "관점: 도시를 바라보는 시각은 사람마다 어떻게 다를까요?", "책임: 도시에 사는 우리는 어떤 책임을 져야 할까요?"와 같은 질문이 나온다. 이 전략은 질문을 개념적 틀 속에서 구조화하게 만든다.

⋮ 만다라트를 활용한 질문 만들기

학생들은 만다라트의 중심에 주제를 두고, 주변 여덟 칸 중 일곱 칸에 명시적 개념을 배치한다. 나머지 한 칸은 명시적 개념으로 분류하기 어려운 질문을 기록하는 공간으로 활용한다. 각 칸에서는 해당 개념과 관련된 질문을 여덟 개씩 파생시켜 작성할 수 있다. 예를 들어 '학교 급식'을 주제로 한다면, '형태' 칸에서는 "학교 급식은 어떤 음식들로 구성되어 있나요?", "계절에 따라 급식의 구성이 달라지나요?", "1인분의 양은 어떻게 정해지나요?", "급식의 형태는 다른 나라 학교와 비교했을 때 어떤 차이가 있나요?"와 같은 질문이 나올 수 있다. 이렇게 개념별로 질문을 체계적으로 확장하면, 하나의 주제에서 최대 64개의 탐구 가능성이 열리게 된다.▸ 그림 6.2 이는 학생들이 UOI에서 폭넓고 깊이 있는 조사 주제를 발굴하도록 돕는 효과가 있다.

그림 6.2 만다라트를 활용한 질문 만들기

⋮ 질문 연필 전략

질문 연필 전략은 학생들이 질문을 더 잘 만들고 이를 탐구로 이어갈 수 있도록 돕는 방법 중 하나다. 질문 연필은 질문을 시작하는 말을 활용해 질문을 만들고, 그 속에 자연스럽게 질문의 목적을 담아내는 방식이다. 이때 질문을 만드는 말은 '무엇, 언제, 어디서, 어떻게, 어떤 방법으로, 왜, 무엇 때문에, ~일까?, ~할 수 있을까?, ~할지도 모른다, ~해야 하는가?'

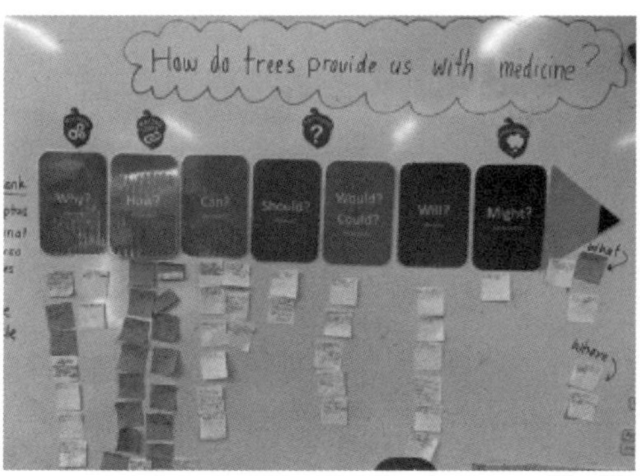

그림 6.3 질문 연필 전략

등이고, 질문 목적은 '이유, 의미, 가능성, 의견, 개연성, 예측, 상상' 등이다. 칠판이나 대형 학습지에 연필 모양의 칼럼을 준비해 학생들이 질문 쪽지를 붙이고 분류·정당화하는 과정을 거친다. 학생들은 이렇게 다양한 질문을 만들어 붙이고, 분류하고, 그 이유를 정당화하면서 좋은 질문의 조건을 체득하게 된다. 저학년은 문장 틀이나 그림 카드를 활용해 쉽게 접근할 수 있고, 고학년은 명시적 개념과 결합해 더 정교한 질문을 만들 수 있다.

02 질문에 대한 답을 찾아가는, 탐색하기

탐구 질문이 만들어지면 학생들은 그 답을 찾아가는 탐색하기 과정을 경험한다. 이 단계는 단순히 자료를 모으는 활동을 넘어, 신뢰할 수 있는 정보를 찾고 의미를 해석하며 탐구의 방향을 구체화하는 중요한 과정이다. 교사는 학생들이 무작정 조사를 시작하지 않도록 조사 계획을 세우고, 적합한 자료와 방법을 선택하도록 안내한다. 관찰, 인터뷰, 설문조사, 매체 등 다양한 탐색 방법을 소개하고, 학생이 스스로 선택할 수 있도록 지원한다.

보편적 학습 설계(Universal Design for Learning)의 핵심은 학습자의 다양성을 전제로 수업을 설계하는 것이다. 입력(자료 제시 방식), 처리(탐구 활동 참여 방식), 출력(학습 결과 표현 방식)을 다양화하여, 모든 학생이 자신의 강점과 필요에 맞는 경로로 배움에 참여하도록 돕는다. 이는 IB에서 강조하는 ATT 요소 중 학습의 방해요소를 제거하는 것과 밀접하게 연결된다.

PYP에서 학습의 방해요소를 제거하는 것은 단순히 학습 활동 난이도를 조정하는 것이 아니라, 모든 학생이 높은 기대에 도달할 수 있도록 학습 맥락을 구조적으로 설계하는 과정이다. 예를 들어 같은 탐구 질문을 두고 어떤 학생은 기사를 분석하고, 다른 학생은 영상을 시청하며, 또 다른 학생은 인터뷰를 진행한다. 교사는 다양한 자료와 탐구 방식을 제공하여 학습의 문턱은 낮추되, 사고와 탐구의 깊이는 유지한다. 이렇게 마련된 여러 갈래의 학습 경로 속에서 학생들은 자신에게 맞는 방식으로 탐구를 주도할 수 있게 된다.

보편적 학습 설계를 고려한 단계별 활동 만들기

탐색을 위한 자료는 형태와 난이도를 고려해 다양하게 준비한다. 교과서의 글, 기사, 사진, 지도, 오디오, 인터뷰, 다큐멘터리, 실물 관찰 기록 등은 모두 탐구 자료가 될 수 있다. 저학년은 시각 자료나 실물 관찰이, 고학년은 통계나 기사처럼 출처를 비교·분석하는 자료가 효과적이다. 읽기·쓰기에 부담이 있는 학생은 오디오·영상 자료를 활용하고, 말하기에 강점이 있는 학생은 인터뷰 내용을 구두 발표로 정리할 수 있다. 이렇게 자료의 형태와 탐색 방법을 다양화하면, 모든 학생이 자신에게 맞는 방식으로 탐구에 참여할 수 있다.

예를 들어, 문화유산 단원에서 일부 학생들은 "돌하르방은 마을 사람들에게 어떤 의미였을까?"와 같은 질문을 중심으로 탐색을 시작한다. 지역 문화재청 홈페이지나 안내 책자에서 기원과 전승 이야기를 조사하고, 현장 답사에서 돌하르방의 위치와 주변 환경을 관찰하며 사진을 남긴다. 이후 표, 마인드맵, 벤 다이어그램 등을 활용해 조사한 내용을 정리하며, 필요한 경우 자료 간의 관계를 간단히 메모하면서 이해를 준비한다.

교사는 학생들이 조사 주제와 방법을 스스로 선택하도록 선택권을 보장하되, 방향을 잃지 않도록 세부 항목을 명확히 안내한다. "이 문화유산은 언제 처음 만들어졌는가?", "어떤 재료로 조각되었는가?", "사람들은 여기에 어떤 의미를 담았을까?"와 같은 안내 질문을 제시하거나 조사표를 제공하면, 학생들은 탐색의 범위와 절차를 분명히 파악하고 필요한 정보를 더 쉽게 찾아낼 수 있다. 이렇게 교사가 탐구의 틀을 시각화하면 학생들이 조사 과정에서 겪을 수 있는 혼란과 어려움이 줄어들고, 훨씬 자신감 있게 탐구에 참여할 수 있다.

특히 탐구 경험이 부족한 학습자들에게는 무엇을, 어떻게 조사할지를 교사가 모델링하는 과정이 필요하다. 교사가 먼저 찾은 사례를 함께 살펴보며 "출처를 어떻게 확인할까?", "핵심 정보를 어떻게 기록할까?"를 시연하면, 학생들은 탐색의 흐름을 자연스럽게 익힐 수 있다.

이처럼 탐색하기 단계에서 학생들은 자신에게 맞는 자료 형태와 탐색 방법을 선택하고, 조사한 정보를 정리하며 신뢰성을 검토한다. 이 과정은 학습자가 스스로 탐구 과정을 설계하고 주도하는 힘을 기르는 발판이 된다.

무엇을 어떻게 조사할지 안내하기

탐색하기 단계에서 학생들에게 무엇을, 어떻게 조사할지 분명히 제시하는 것은 매우 중요하다. 탐구 경험이 아직 충분하지 않은 학습자들은 막연한 주제 앞에서 어디서부터 자료를 모아야 할지 혼란스러워하기 쉽다. 따라서 조사 범위를 '무엇을, 어떻게' 조사할지 구체적으로 안내하면 학생들은 불필요한 시행착오를 줄이고 인지적 과부하를 피하며, 탐색 활동에 더욱 집중할 수 있다.

'무엇을 조사할지'는 학생들이 탐구 과정에서 길을 잃지 않도록 하는 기본 틀이다. 예를 들어 문화유산 단원에서는 '문화유산의 이름은 무엇인지, 언제부터 생겨났는지, 어디에서 볼 수 있는지, 지역 사람들은 그 문화유산을 어떻게 생각하는지, 문화유산을 통해 어떤 생활 모습을 이해할 수 있는지'와 같은 공통 질문을 세우도록 한다. 이렇게 탐구 질문에 맞는 세부 항목을 정리하면 학생들은 조사 방향을 보다 구체적으로 잡을 수 있다.

'어떻게 조사할지'는 실제 탐색 활동의 실행 단계에 해당한다. 학생들과 함께 첫 번째 사례를 직접 탐색하며, 어떤 자료가 좋은 자료인지, 출처는 어떻게 확인해야 하는지, 필요한 정보를 어떻게 요약해 기록할 수 있는지를 교사가 시범 보인다. 예컨대 문화유산 단원에서 온라인 자료를 찾아보며 "이 글의 출처는 믿을 만한가?", "핵심 정보를 어떻게 정리할까?"를 함께 논의하면, 학생들이 탐색 방법을 자연스럽게 체득할 수 있다.

03 관계를 찾아 의미를 확장하는, 연결하기

연결하기는 탐구학습에서 사실이 개념으로 전환되는 전환점이다. 이 단계는 탐색 단계에서 모은 자료를 정리하고 해석하며, 서로 간의 관계를 구조화하는 과정이다. 교사는 학생들이 사실적 지식에서 개념적 이해로 나아가도록 돕는 수업을 설계해야 한다. 조사한 내용을 단편적으로 나열하는 데서 끝나지 않도록, 공통점과 차이점을 발견하고 의미를 도출할 수 있는 활동과 질문을 의도적으로 마련해야 한다.

사례를 연결하며 의미 확장하기

연결하기의 핵심은 개념적 질문이다. 예를 들어 사춘기 단원에서 "사춘기 변화는 청소년의 생활 모습에 어떤 영향을 주는가?"라는 질문을 중심에 두면, 학생들은 각자가 조사한 사례를 발표하고 서로의 사례와 연결 지으며 답을 찾아간다. 어떤 학생은 "감정 기복으로 친구와 갈등이 늘어난다"라는 사례를, 또 다른 학생은 "신체 변화로 운동 능력이 달라진다"라는 사례를 제시한다. 이러한 사례들을 연결하면서 학생들은 "사춘기의 변화는 개인의 생활뿐만 아니라 대인 관계에도 영향을 준다"라는 개념적 이해에 도달하게 된다. 연결하기 단계에서 교사는 사실에서 개념으로 이동하는 사고의 흐름을 어떻게 설계할 것인지를 고민해야 한다. 학생들이 탐색한 자료를 단순히 나열하지 않고, 비교·분석하며 중심 아이디어와 연결되도록 돕는 구조와 질문을 준비하는 것이 중요하다.

이 단계의 수업은 '사례 정리 → 사례 간 연결 → 개념화 → 중심 아이디어와의 연계'라는 흐름을 따라야 한다. 학생들은 자료를 공유하고, 서로의 사례를 분석하며, 공통된 패턴과 보편적 의미를 발견한다. 이렇게 탐구는 지식의 나열을 넘어, 깊이 있는 이해와 일반화된 학습으로 확장된다.

사례 정리와 비교 전략

연결하기 단계에서는 탐색한 자료를 서로 비교·분석하며 개념적 이해로 확장하는 전략이 중요하다. 대표적으로 교차비교 차트와 연결 4 전략을 활용할 수 있다.

⁝ 교차비교 차트

교차비교 차트는 두 가지 이상의 자료나 집단을 나란히 놓고 공통점과 차이점을 구조화하는 데 효과적이다. 예를 들어 사춘기 단원에서 한 모둠은 "사춘기의 변화가 남학생과 여학생에게 어떻게 다르게 나타나는가?"라는 질문을 중심에 두고 탐구한다면 학생들은 보건 교과 자료와 실제 학급 설문 결과를 근거로 차트를 작성할 수 있다. 한쪽에는 남학생의 신체 변화(목소리 변화, 근육 발달)와 감정적 특징(경쟁심, 독립 욕구), 다른 한쪽에는 여학생의 신체 변화(월경 시작, 신체 성장)와 감정적 특징(정체성 혼란, 또래 관계 민감성)을 정리하고, 교차비교 차트를 채우며 공통점(예: "모두 신체적 변화가 감정과 관계에 영향을 준다.")과 차이점(예: "변화가 시작되는 시기와 구체적 양상이 다르다.")을 발견할 수 있으며, 이를 통해 "사춘기의 경험은 보편적이면서도 개인과 성별에 따라 다르게 나타난다"라는 개념적 이해에 도달할 수 있다.

⁝ 연결 4 전략

연결 4 전략은 네 가지 사례를 동시에 비교·분석하며 공통 패턴을 찾아내는 방식이다. 문화유산 단원에서 학생들이 "문화유산은 지역 사람들의 생활과 가치관을 어떻게 반영하는가?"라는 질문을 중심으로 탐구한다고 하자. 어떤 모둠은 문화재청 홈페이지에서 돌하르방의 기원과 의미를 조사할 수 있고, 다른 모둠은 현장 답사에서 실제 위치와 환경을 사진으로 기록할 수 있다. 이어 제주의 전통가옥(초가집), 돌담과 칠머리당 영등굿까지 비교해 본다면 학생들은 "문화유산은 공동체의 신앙과 생활상을 담고 있다"는 공통 패턴을 발견할 수 있을 것이다. 또한 시대적 맥락과 지역적 차이에 따라 표현 방식이 달라진다는 점도 확인할 수 있다. 이를 통해 "문화유산은 시대와 지역 사람들의 생활과 가치관을 반영한다"라는 개념적 이해로 나아갈 수 있을 것이다.

이처럼 교사는 활동의 형태와 질문의 깊이를 설계 단계에서 미리 결정해야 한다. 교차비교 차트는 여러 항목을 정해진 기준에 따라 비교하고 대조하여 공통점과 차이점을 시각적으로 명료하게 정리할 때, 연결 4 전략은 여러 자료를 동시에 비교하며 보편적 패턴을 도출할 때 적합하다.

학생들이 탐색을 통해 모은 자료를 개념적 이해로 전환하도록 돕기 위해서는, 교사가 자료를 다루는 방식과 사고의 흐름을 세심하게 설계할 필요가 있다. 단순히 "정리해 보자"라고 안내하는 것만으로는 충분하지 않다. 비교·분석·연결을 촉진하는 활동과 질문이 필요하며, 이때 교사는 어떤 구조를 제시하면 학생들의 사고가 자연스럽게 개념으로 확장될지 고민해야 한다. 이를 지원하는 구체적인 도구와 전략을 준비해 두면, 학생들은 사례를 단순히 나열하는 수준을 넘어, 서로 간의 관계를 발견하고 중심 아이디어와 연결하는 힘을 기르게 된다. 아래에서는 연결하기 단계에서 활용할 수 있는 대표적인 전략을 설명한다.

개념적 이해로 이끌기

학생들이 처음 만들어내는 개념적 이해는 종종 사례 언어에 머무른다. 예를 들어 문화유산 단원에서 학생들이 "사람들의 집과 제사는 지역에 따라 다르다"라는 진술을 한다면, 이는 사실적 수준에 가깝다. 이때 교사는 학생들이 사용한 어휘의 공통점을 찾아 더 높은 수준의 개념어로 확장할 수 있도록 돕는다. 집과 제사라는 사례를 '생활 모습'이라는 개념어로 묶어 주고, "왜 지역에 따라 생활 모습이 다를까?", "어떻게 다른 모습으로 나타날까?"와 같은 질문을 던짐으로써 사고를 한 단계 끌어올린다. 그 결과 학생들은 단순히 사례를 나열하는 것을 넘어, "문화유산은 시대와 지역 사람들의 생활과 가치관을 반영한다"라는 일반화된 개념적 이해로 나아갈 수 있다. 이 과정에서 교사의 역할은 학생들이 제시한 개별 사례를 연결·통합하도록 돕는 추가 질문을 던지는 것이다. 학생들은 교사의 질문을 통해 낱개의 사실을 넘어서고, 전이가 가능한 보편적 이해를 구성하게 된다. 이는 구체에서 추상으로, 사실에서 개념으로 나아가는 학습의 핵심 흐름이라 할 수 있다.

개념 은행 활용하기

연결하기 단계에서 학생들이 개념적 이해에 도달하도록 돕는 효과적인 방법 중 하나는 개념 은행을 활용하는 것이다. 개념 은행은 학습 과정에서 다뤄진 주요 개념어들을 교사가 모아 제시하는 것으로, 학생들이 자신이 조사한 사례를 어떤 개념과 연결할 수 있는지 탐색하도록 안내한다. 예를 들어 문화유산 단원에서는 '생활 모습, 가치관, 전통, 변화, 연결성'과 같은 개념어가 개념 은행에 포함될 수 있다. 학생들은 조사한 자료를 정리하면서 "내가 조사한 돌하르방은 지역 사람들의 생활 모습과 연결된다", "제주 칠머리당굿은 공동체의 가치관과 관련이 있다"와 같은 방식으로 개념 간의 관계를 기술해 본다. 이 과정을 통해 학생들은 단순히 사례를 나열하는 데서 그치지 않고, 학습한 내용이 어떤 개념들 사이의 관계를 드러내는지를 구조적으로 사고하게 된다.

특히 개념 은행은 저학년이나 학습에 추가적인 도움이 필요한 학생들에게 유용하다. 학생이 스스로 개념어를 발굴해 내는 부담을 줄여 주고, 이미 제시된 개념 중에서 적절한 것을 선택해 사례와 연결하는 방식으로 개념적 이해에 접근할 수 있기 때문이다. 이는 학습자가 개념 간 관계를 명확히 인식하고 일반화된 이해로 확장할 수 있는 발판을 제공한다.

04 배움을 삶과 공동체로 확장하는, 실천하기

PYP에서 실천하기는 배움이 교실에 머무르지 않고 학생의 삶과 공동체로 확장되는 과정이다. 탐구를 통해 얻은 이해와 태도가 실제 행동으로 이어질 때, 학생은 지식을 습득하고 기억하는 것을 넘어서 세상을 변화시키는 주체로 성장한다. 실천은 거창한 프로젝트에만 국한되지 않는다. 작은 생활 습관의 변화에서부터 학급·학교·지역사회를 위한 캠페인까지, 다양한 모습으로 나타날 수 있다.

실천하기는 IB 학습자상이 지향하는 태도를 실제 삶에서 살아내는 기회이며, 학생의 성찰과 책임감을 표현하는 단계이다. 예를 들어 문화유산 단원에서 학생들은 '돌하르방이 마을을 지키는 상징이었다'는 사실을 배우고 난 뒤, 학교 친구들에게 지역 문화유산을 소개하는 포스터를 제작하거나, 가정에서 조부모와 함께 옛날 생활 도구의 의미를 탐구해 기록으로 남길 수 있다. 또 사춘기 단원에서는 신체·정서적 변화를 이해한 후 학급 내 '존중 캠페인'을 기획하거나, 친구들의 고민을 들어주는 또래 상담 활동으로 이어질 수 있다.

실천의 유형

IB에서는 실천을 참여, 옹호 활동, 사회 정의, 사회적 기업가 정신, 생활양식의 선택의 다섯 가지 유형으로 제시한다. 참여는 학습 공동체에 적극적으로 참여하며 책임을 다하는 방식이다. 예를 들어 사춘기 단원에서 학생들은 '청소년의 감정 변화를 이해하기'라는 주제로 모둠 토론을 열고 서로의 경험을 나눈 뒤, 학급 회의에서 또래 관계에서 지켜야 할 규칙을 함께 제안하며 공동 프로젝트에 기여할 수 있다. 옹호 활동은 개인이나 집단의 목소리를 대변하고 긍정적 변화를 촉진하는 방식이다. 문화유산 단원에서 학생들은 "지역 문화재를 더 많은 사람들이 알 수 있도록 안내 표지를 보강해 달라"는 제안을 학교나 지역 사회에 제출하거나, 학급 내에서 '문화유산 존중 주간'을 운영하며 친구들에게 알리는 캠페인을 기획할 수 있다. 사회 정의는 인권·평등·공정성 등 사회적 문제를 탐구하고 개선하려는 실천이다. 사춘기 단원에서 '성평등'의 주제를 다룬 학생들이 조사한 내용을 바탕으로 발표나 포스터를 제작해, "청소년기의 경험은 성별에 따라 다르게 나타나지만 존중은 모두에게 필요하다"는 메시지를 학교 공동체에 전달하는 활동이 이에 해당한다. 사회적 기업가 정신은 학습한 내용을 바탕으로 공동체의 긍정적 변화를 만드는 프로젝트를 설계·실행하는 것이다. 문화유산 단원에서는 학생들이 지역 돌하르방을 주제로 관광 안내 책자를 제작하거나, 전통 유산을 지키는 활동을 지역 사회와 함께 기획하는 것이 가능하다. 마지막으로 생활 양식의 선택은 개인적·사회적·환경적 선택을 바꾸는 작은 실천이다. 예를 들어 "도시의 지속가능성은 개인의 생활 습관과 연결된다"라는 개념적 이해를 실천하기 위해 일회용품 사용을 줄이거나 대중교통을 이용하고, 건강한 식습관을 선택하는 등 일상의 행동을 통해 공동체의 미래를 지키는 작은 실천을 의미한다.

실천의 수준과 지원 방식

실천은 탐구가 교실 안에서 끝나지 않고 학습자의 삶과 공동체 속으로 확장되는 과정이다. 중요한 점은 실천이 학생의 삶 속에서 지속적으로 이어져야 한다는 것이다. 실천은 학생이 주도적으로 만들어 내는 경우도 있지만, 때로는 교사가 주도하고 학생이 참여하는 형태로 출발하여 점차 학생의 목소리와 주도성이 강화되는 모습으로 발전할 수도 있다.

실천은 교사가 중심이 되어 학생들과 함께 계획하는 실천, 교사와 학생이 공동으로 기획하고 실행하는 실천, 학생이 스스로 아이디어를 내고 주도하는 실천까지 폭넓게 존재한다. 예를 들어 문화유산 단원에서 교사가 먼저 '지역 문화재 보존 캠페인'을 제안하고 학생들이 참여하는 방식으로 시작할 수 있다. 이후 학생들은 스스로 지역 주민 인터뷰를 기획하거나 안내 자료를 제작하며 실천을 확장시킨다. 사춘기 단원에서도 교사가 '또래 관계 존중 캠페인'을 기획해 참여를 이끌 수 있고, 시간이 지나면서 학생들이 직접 또래 상담 프로그램을 운영하거나 SNS 캠페인을 주도하는 것으로 발전할 수 있다.

실천을 지원하는 방식 또한 다양하다. 교사가 학생들과 함께 첫걸음을 내딛으며 모델링을 제공하거나, 학생이 스스로 설계한 아이디어를 조율·보완할 수 있도록 협력적 의사결정을 돕는 방식이 있다. 또한 학급 공동체 전체가 실천의 필요성을 공유하고 지속적으로 관리·발전시킬 수 있도록 구조적 지원이 제공되어야 한다.

결국 실천하기 단계의 주체는 교사와 학생 모두가 될 수 있으며, 그 과정에서 실천은 점차 학생의 삶과 공동체 속에서 뿌리내리는 지속적 배움으로 발전한다. 이는 PYP에서 강조하는 '배움을 행동으로 옮기는 학습자'의 모습을 구체적으로 실현하는 과정이라 할 수 있다.

실천하기를 지원하는 교사 전략

실천은 학생이 주도적으로 만들어 가야 하지만, 그 과정에서 교사의 세심한 안내와 지원이 뒷받침될 때 훨씬 더 깊고 지속적인 배움으로 이어질 수 있다. 교사는 학생들이 작은 실천을 시작하고 점차 확장해 나가도록 돕는 촉진자 역할을 할 수 있다.

① 작게 시작하기

처음부터 거창한 실천을 요구하기보다 학급 안에서 바로 적용할 수 있는 작은 행동(예: '일주일간 플라스틱 줄이기', '친구 칭찬하기 캠페인')을 제안한다. 작은 성공 경험이 이어져야 지속적인 실천으로 발전한다.

② 모델링과 동행하기

교사가 먼저 실천하는 모습을 보여 주고 함께 참여하는 것이 중요하다. 예를 들어 교사가 먼저 플라스틱 사용을 줄이는 모습을 보이거나, 학생들과 함께 실천 계획을 세우며 동행자로서 격려한다. 교사의 진정성 있는 참여는 학생들에게 강력한 동기가 된다.

③ 공유와 축하의 장 마련하기

학생들의 실천을 학급 발표회, 포트폴리오, 게시판 등을 통해 나누도록 하여 성취감을 높이고 다른 학생들에게도 동기를 부여한다. 작은 실천이라도 공동체가 함께 축하하는 문화가 중요하다.

④ 지속성을 설계하기

단발적 이벤트로 끝나지 않도록 실천을 학급 규칙, 일상 습관, 학교 행사와 연결한다. 예를 들어 사춘기 단원에서 나온 '존중 발언 규칙'을 학급 회의 규칙으로 정착시킬 수 있다.

⑤ 학생의 주도성을 점진적으로 확장하기
처음에는 교사가 제안하고 학생이 참여하는 방식으로 시작해도 좋지만, 점차 학생 스스로 아이디어를 내고 실행하는 기회를 제공해야 한다. "이제 우리가 직접 바꿔 보고 싶은 것은 무엇일까?"라는 질문이 좋은 출발점이 될 수 있다.

05 배움과 성장을 돌아보는, 성찰하기

PYP에서 성찰은 탐구의 전 과정을 관통하며, 학생이 자신의 배움과 성장을 지속적으로 돌아보도록 돕는 핵심적인 과정이다. 질문을 만들 때, 탐색 자료를 정리할 때, 개념을 연결할 때, 실천 활동을 하면서도 학생들은 끊임없이 "내가 무엇을 배우고 있는가?", "이 경험이 나에게 어떤 의미가 있는가?"를 묻는다. 이는 결과를 평가하는 차원을 넘어, 배움의 과정을 이해하고 다음 단계로 나아갈 방향을 찾도록 돕는다.

성찰은 특별한 시간에만 이루어지는 활동이 아니라, 수업 속 작은 순간마다 짧게 반복될 때 가장 효과적이다. 예를 들어 활동 직후 2분 동안 '오늘 배운 점 하나 적기'와 같은 간단한 활동을 운영하면 학생들은 배움의 순간을 놓치지 않고 즉각적으로 돌아볼 수 있다. 글쓰기뿐 아니라 그림, 말하기, 스티커 투표 등 다양한 형식을 제공하면 학생들은 자신의 강점과 표현 방식에 맞게 성찰할 수 있다.

성찰을 돕는 도구

성찰 도구는 활동이 끝나고 의무적으로 작성해야 하는 기록지 이상의 의미를 갖는다. 이는 학생의 사고를 이끌고 구조화하며 배움의 흐름을 다음 단계로 연결하는 안내자의 역할을 한다. 특히 저학년이나 학습 지원이 필요한 학생들에게 효과적인데, 그 이유는 도구가 사고의 흐름을 구체적으로 안내하고 표현의 장벽을 낮추어 주기 때문이다. 글쓰기에 부담을 느끼는 학생도 그림, 색깔, 간단한 문장 틀 같은 시각·언어 지원을 통해 자신의 생각을 자연스럽게 표현할 수 있으며, 작은 성공 경험을 통해 성찰 활동에 대한 자신감을 쌓게 된다. 다음과 같은 도구들이 학생들의 성찰을 지원하는 데 유용하다.

- **배움 노트** 글이나 그림으로 학습 과정을 기록하며 성장의 발자취를 남기는 것
- **에베레스트 성찰** 학습 과정을 산을 오르는 여정에 빗대어 성취와 어려움을 구조적으로 정리하기
- **두 개의 별과 한 개의 소망** 잘한 점 두 가지와 발전할 점 하나를 나누며 자기 성찰을 가능하게 함
- **학습자상 성찰 카드** "오늘 나는 협력하는 사람으로서 어떤 행동을 했는가?", "열린 마음을 어떻게 보여 주었는가?"처럼 학생의 경험을 IB 학습자상과 연결함
- **예전에는… 지금은…** 탐구 전후의 생각 변화를 시각화하여, 사실적 지식이 개념적 이해로 확장된 과정을 스스로 인식하게 함

성찰 도구는 학생들의 사고를 구조화하고 성찰을 구체화하는 강력한 지원이 된다. 하지만 너무 다양한 도구를 한꺼번에 사용하면 학생들은 성

찰 도구의 질문에 진지하게 몰입하기보다는 '칸을 채우는 활동'으로 받아들이기 쉽다. 따라서 교사는 다양성보다 숙련에 초점을 맞출 필요가 있다.

학생들이 특정 성찰 도구(예: 배움 노트, 두 개의 별과 한 개의 소망, 예전에는… 지금은… 등)를 충분히 연습하여 능숙하게 활용할 수 있을 때, 그 도구는 학생들의 사고를 이끄는 힘을 제대로 발휘한다. 이후 점차 새로운 도구를 도입하면 기존에 사용하던 틀을 바탕으로 새로운 방식의 성찰에도 자연스럽게 적응할 수 있다.

결국 성찰 도구의 활용은 많을수록 좋은 것이 아니라, 학생이 도구를 통해 사고를 깊이 있게 연습할 수 있는지가 기준이 되어야 한다. 교사는 단원과 맥락에 맞는 핵심 도구를 선택해 지속적으로 사용하고, 필요할 때 변화를 주어 성찰 경험을 확장하는 균형 잡힌 접근이 필요하다.

성찰을 통한 탐구의 확장

성찰 질문은 단순한 사실 확인에서 그치지 말고, 개념적 사고를 자극해야 한다. 예를 들어 "이 경험은 나의 관점에 어떤 영향을 주었는가?", "오늘의 배움이 책임과 어떻게 연결되는가?"와 같은 질문은 학생들이 학습자상과 개념을 바탕으로 사고를 확장하도록 돕는다. 또한 성찰은 학생이 학습 과정에서 잘된 점과 어려웠던 점을 분석하고, 이를 바탕으로 새로운 전략을 시도하도록 이끄는 사고 기능으로 작동한다.

UOI가 끝날 때는 전 과정을 돌아보는 성찰이 필요하다. 학생들은 처음 세운 탐구 질문과 현재의 답을 비교하며 이해가 어떻게 달라졌는지 정리한다. 예를 들어 문화유산 단원에서 한 학생은 처음에는 그냥 "돌하르방은 돌로 만든 조각상이다"라고 적었지만, 탐구 후에는 "돌하르방은 마을 사람들의 정체성과 공동체의 안전을 지키는 의미를 담고 있다"라고 새롭게 정리했다. 사춘기 단원에서도 "사춘기에는 키가 크고 몸이 변한다"

라는 사실 수준에서 출발해, "사춘기의 변화는 나의 정체성을 탐색하고 또래와의 관계를 새롭게 바라보는 계기가 된다"라는 확장된 이해에 도달할 수 있었다.

이처럼 단원 전체를 돌아보는 성찰은 학생이 "내가 어떤 배움을 쌓아 왔는가?"를 확인하게 하며, 동시에 "다음에는 무엇을 더 탐구할 수 있을까?"라는 새로운 질문으로 이어진다. 교사는 학생들의 성찰 기록에서 공통된 주제를 발견해 학급 차원의 새로운 탐구 질문으로 확장할 수도 있다. 성찰은 단원을 마무리하는 회고이자, 다음 배움으로 나아가는 출발점이다. 학생들은 성찰을 통해 학습한 사실을 넘어 개념적 이해를 정리하고, 그 배움이 자신의 삶과 어떻게 연결되는지를 성찰하며 주체적인 탐구자로 성장할 수 있다.

PART
3

IB 수업 들여다보기

IB의 핵심 개념과 철학, 그리고 교사로서 갖추어야 할 기본 이해를 바탕으로 탐구 단원을 설계하고 평가 계획을 세우는 과정을 살펴봤다면, PART 3에서는 실제 수업으로 어떻게 구현되는지 구체적인 사례를 통해 확인할 차례이다.

IB 학교를 방문했을 때 가장 인상 깊게 다가오는 장면은 학생들이 탐구 단원 속에서 배우고, 질문하며, 스스로 실천하는 모습이다. IB 수업의 본질은 교사가 만든 단원 설계서가 교실 안에서 어떻게 살아 움직이는가에 있다. 여기에서 제시하는 사례들은 바로 그 과정을 담고 있다.

학기 초에는 학생들이 학습자상, 학습 접근 방법, 초학문적 주제, 명시된 개념 등을 익히며 IB의 언어로 배움의 문을 여는 탐색 주간이 운영된다. 이후 학년 수준에 따라 탐구의 주제와 방식이 달라진다. 저학년은 놀이와 생활 중심의 탐구를 통해 개념적 이해를 찾아가고, 고학년은 사회적 이슈와 책임 의식을 중심으로 개념 간의 관계를 심화한다. 마지막 단계에서는 학생들이 스스로 주제를 선택하고 탐구를 계획하며, 결과를 실천으로 이어 가는 발표회를 통해 배움을 완성한다. IB 수업이 추상적인 이론을 넘어, 교실 속에서 학생의 탐구와 성찰, 그리고 성장으로 구체화되는 과정을 생생하게 확인할 수 있다.

7장 IB 탐색 주간의 수업

IB 수업을 효과적으로 운영하기 위해서는 교사와 학생 모두가 PYP의 핵심 요소를 이해하는 과정이 필요하다. 이를 위해 IB 후보학교에서는 학기 초에 〈IB 탐색 주간〉을 운영하며, 학생들이 프로그램의 기본 용어와 개념에 친숙해질 수 있도록 돕는다. 이 기간은 단순히 용어를 배우는 시간이 아니라, IB의 다양한 요소를 함께 이해하기 위한 출발점이 된다.

탐색 주간은 일반적으로 학년 초에 실시되는 학급 세우기 활동과 연계하여 운영할 수 있다. 예를 들어 학급 규칙이나 공동체 약속을 정하는 과정 속에서 학습자상, ATL, 명시된 개념 등을 함께 탐구하면, 학생들은 IB의 언어와 개념을 학급 생활과 자연스럽게 연결 지을 수 있다.

이때 하루에 많은 요소를 한꺼번에 다루기보다는 한 가지 중점 요소를 정해 활동하는 것이 효과적이다. 활동 방식 또한 교사가 직접 설명하는 강의식보다는 탐구와 놀이에 기반한 경험을 중심으로 진행하는 것이 바람직하다.

이러한 'IB 탐색 주간'은 본격적인 UOI 수업에 들어가기 전, 학생들의 이해를 돕는 발판이 된다. 탐색 주간에 다룰 수 있는 중점 요소와 활동 예시는 표 7.1과 같다.

표 7.1 <IB 탐색 주간> 일자별 구성 사례

	중점 요소	주제	학습 목표 및 활동 예시
1일차	학습자상	열 가지 학습자상	학습자상 열 가지 속성을 이해하고, 학습자상이 의미하는 바를 설명할 수 있다. - 학습자상 자료 읽고 마인드맵, 그림 등 다양한 방법으로 표현하기 - 학습자상 퀴즈로 이해 확인하기 - 학습자상 성찰점검표로 나 성찰하기
2일차		학습자상으로 성찰하고 학급 약속 만들기	학습자상(성찰하는 사람, 배려하는 사람, 소통하는 사람 등)을 바탕으로 나를 성찰하고, 공동체에 필요한 약속을 정하고 그 의미를 이해한다. -『다다다 다른 별 학교』그림책 읽기 - 그림책 연계 나의 학습자상 글 또는 그림으로 표현하기 - 학습자상과 연계한 공동체 약속 만들기
3일차	ATL	학습 접근 방법의 의미와 다섯 가지 기능 살펴보기	IB PYP의 다섯 가지 학습 접근 방법(ATL)을 이해하고, 이를 기르기 위한 구체적인 방법을 탐색한다. - 스펙트럼 입장 진술문 활동 - 그림책『배운다는 건 뭘까?』읽기 - 다섯 가지 ATL 기능 탐색하기 - ATL 활용 활동(ATL 비유하기)
4일차	초학문적 주제	여섯 가지 초학문적 주제 탐색하기	IB PYP의 여섯 가지 초학문적 주제를 이해하고, 각 주제가 다룰 수 있는 주요 내용을 파악한다. 주변 세계를 초학문적 관점에서 바라보는 시각을 기른다. - 초학문적 주제 그림 보며 무엇을 배울지 생각하기 - 초학문적 주제 보물찾기
5일차	명시된 개념	일곱 가지 명시된 개념 익히기	IB PYP의 일곱 가지 명시된 개념을 이해하고, 이를 바탕으로 탐구 질문을 구성할 수 있다. - 노래와 퀴즈로 명시된 개념 익히기 - 친숙한 주제로 질문 만들기

IB PYP 요소를 학습하는 수업은 학생의 이해 수준과 활동 목적에 따

라 운영 시수와 탐구의 깊이가 달라질 수 있다. 보통 하나의 주제는 2~4차시로 운영될 수 있다.

이 가운데 학습자상은 IB 교육의 목표이자 학교 교육 목표, 그리고 학급 운영과 UOI 전반에 걸쳐 지속적으로 성찰해야 하는 핵심 요소이다. 따라서 다른 요소보다 더 많은 시간이 필요하다. 특히 IB를 처음 시작하는 학교라면 탐색 주간만으로 학습자상을 충분히 이해하기는 어렵다. 명시적인 지도 후 학급 운영과 교과 수업 전반에서 반복적 활용이 반드시 뒤따라야 한다.

여기에서 제시하는 활동들은 IB PYP 요소를 명시적으로 지도하는 하나의 예시에 불과하며, 학생의 수준이나 학급의 목적에 맞게 수정·보완하여 활용될 수 있다. 이제 IB 이해를 위한 수업 사례 가운데 가장 핵심적이면서 IB 교육의 목적을 잘 보여 주는 학습자상 지도 사례를 시작으로, 주요 요소에 대한 수업 사례를 소개하고자 한다.

01 1-2일차: 학습자상을 배우는 수업

IB 수업의 중요한 특징 중 하나는 학습자상을 학생들과 명시적으로 공유한다는 것이다. 이는 일반적으로 수업 목표를 안내하는 것과는 다르다. 학습자상은 좁게는 UOI를 통해 길러야 할 역량의 지향점이며, 넓게는 IB 교육 전반에서 추구하는 방향성을 보여 준다. 따라서 학생들은 열 가지 학습자상을 반드시 이해해야 한다. 하지만 단기간에 모든 학습자상을 깊이 이해하기는 쉽지 않다. 무엇보다 학습자상을 왜 알아야 하는지, 어떤 의미가 있는지를 깨닫는 것이 중요하다. 이를 위해서는 용어에 친숙해지는 활동에서 출발해, 자신의 경험과 연결하는 성찰, 나아가 학급과 학교 차원으로 확장하는 과정을 거쳐야 한다. 이렇게 하면 학습자상에 대한 이해가 점차 깊어지고, 성찰이 생활 속 루틴으로 자리 잡을 수 있다.

IB 학습자상을 처음 학생들에게 안내할 때나 학년 초 새롭게 학습을 시작할 때는 학습자상을 탐색하는 활동으로 시작하는 것이 효과적이다. 학습자상 탐색의 목적은 학생들이 열 가지 용어에 친숙해지는 것에서 출발해 점차 각 특성을 이해하는 활동으로 나아가는 데 있다. 이때 설명은 학년 수준에 맞게 쉽게 풀어 제시해야 한다. 예를 들어 1학년에서는 '균형 잡힌 사람'을 급식을 골고루 먹는 사람으로, '원칙을 지키는 사람'을 복도에서 조용히 걷는 사람으로 안내할 수 있다. 여기서는 학습자상을 처음 배우는 고학년과 함께한 수업 사례를 소개하고자 한다.

수업 내용

교사는 열 가지 학습자상을 바로 설명하지 않고, 먼저 맥락 속에서 소개하였다. 개인적 행복과 같은 개인적 맥락, 기후 변화 위기에 대응하기 위해 필요한 역량 같은 세계적 맥락을 제시한 뒤 "개인적 행복을 넘어서 평화로운 세상에 기여하는 사람으로 성장하는 것이 공부의 또 다른 목적입니다. IB에서는 이를 열 가지 학습자상으로 설명하고 있어요"라고 말하며 수업을 열었다. 이어 학습자상 그림 자료를 나누어 주고, 학생들이 각 학습자상과 관련해 떠오르는 내

그림 7.1 학습자상 그림 자료

용을 적도록 하였다. 예를 들어 '지식이 풍부한 사람'에는 책을 많이 읽는 사람, '소통하는 사람'에는 발표를 잘하는 사람이라고 적었다.

학생들이 자신의 생각을 쓰며 학습자상의 의미를 대략적으로 파악한 후, 열 가지 학습자상의 특징을 확인하기 위해 '나는 누구일까요?' 형식의 간단한 퀴즈를 제시하였다. 아이들은 어떤 학습자상인지 정답을 맞히며 흥미를 가졌다.

이어 모둠별로 학습자상 설명 카드 열 장을 받아 중요한 단어에 밑줄을 긋고, 돌아가며 자신이 맡은 학습자상을 설명하였다.

열 개의 학습자상 설명을 살펴본 후에는 각 모둠마다 한 개의 학습자상을 선택해 도화지에 글과 그림으로 표현하고, 갤러리워크를 통해 서로의 작품을 감상하며 학습자상을 자연스럽게 익혔다.

다음 시간에는 그림책 『다다다 다른 별 학교』(천개의바람, 2018)를 읽어 주었다. 학생들은 책을 통해 다양성의 개념을 발견하였다. 교사는 학생

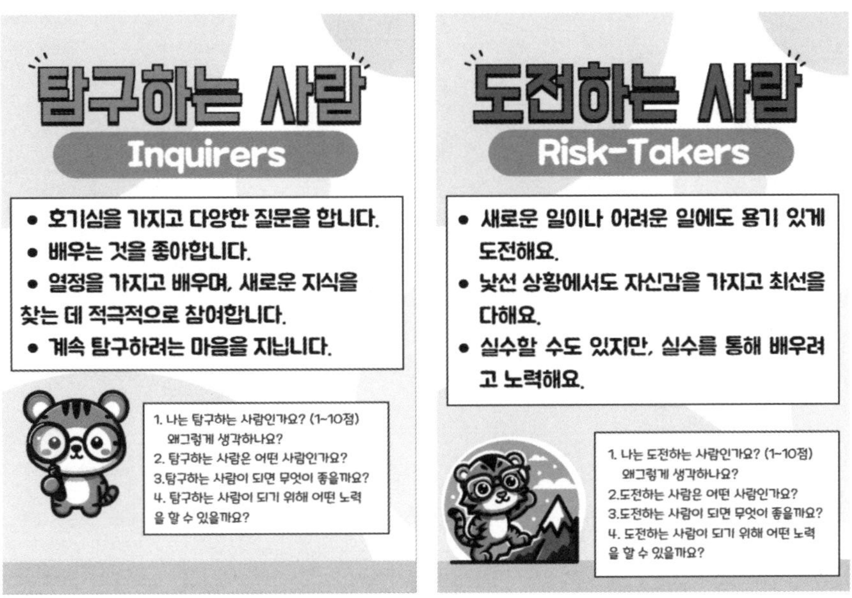

그림 7.2 학습자상 카드 예시

들이 책의 주제를 파악한 후 "나는 어떤 사람인지 생각하는 것이 왜 중요할까요?"라는 질문을 던졌다. 이를 통해 학생들은 자기 자신을 돌아보는 성찰의 필요성을 인식하게 되었다.

학생들은 열 가지 학습자상 중 자신과 가장 가까운 하나를 선택하였다. 그리고 그림책을 패러디하여 자신이 고른 학습자상 별을 소개하는 글을 작성하였다. 예를 들어, "탐구하는 사람들이 사는 탐구하는 별은 어떤 곳일까?"라는 질문을 떠올리며 글을 썼다. 완성된 글을 서로 읽고 공유하면서 다른 학습자상에 대한 이해를 넓힐 수 있었고, 온라인 게시판에 올려 공유함으로써 학습자상과 자신의 정체성을 연결해 보는 기회를 가졌다.

이후 학생들은 학습자상 성찰 점검표를 활용해 열 가지 학습자상을 돌아보았다. 스스로 평가한 결과 가장 점수가 낮은 학습자상을 앞으로 노력해야 할 항목으로 정하고, 엽서 크기의 종이에 그 학습자상과 관련된 나

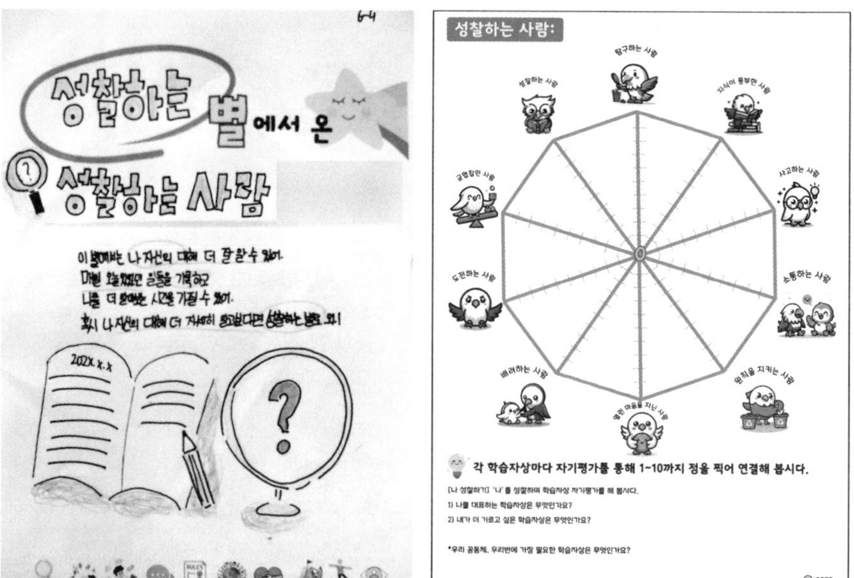

그림 7.3 학습자상 활동지 예시

의 다짐을 글과 그림으로 표현하였다. 이러한 과정을 통해 학생들은 학습자상을 단순히 배우는 개념이 아니라, 자신의 성장과 생활 속 실천과 연결된 가치로 받아들이게 되었다.

02 3일차: ATL을 배우는 수업

보통 UOI 설계에서는 탐구에 필요한 ATL을 먼저 정하고, 이를 향상시킴으로써 기를 수 있는 학습자상을 연결한다. IB 탐색 주간 역시 이러한 맥락에서 ATL을 먼저 시작할 수 있다. 학습자상을 먼저 도입해 학급 약속을 만든 뒤 ATL 용어를 소개할 수도 있고, 평생 학습자로 성장하기 위한 ATL을 먼저 배우고 난 후 학습자상으로 연결하는 방식도 의미가 있다.

'어떤 사람이 되기 위해 배우는가'에 대한 답이 학습자상이라면, '무엇을 하기 위해 배우는가'에 대한 답은 ATL이다. 다시 말해, ATL은 학생들이 스스로 '무언가를 해낼 수 있는 힘'을 기르는 과정이다.

ATL을 배우는 수업은 크게 두 가지로 나눌 수 있다. 첫째, 학생들이 ATL이 무엇인지, 왜 중요한지, 그리고 다섯 가지 핵심 기능이 무엇이고 어떤 의미가 있는지를 이해하도록 돕는 수업이다. 둘째, 의사소통 기능에서 적극적 듣기 전략을 배우거나, 조사 기능에서 출처를 올바르게 밝히는 방법을 익히는 것처럼 특정 기능을 명시적으로 배우는 수업이다. IB 탐색 주간에는 ATL이 무엇인지 그리고 어떤 주요 기능이 있는지 살펴보는 것 정도로 진행하고, ATL의 세부 기능을 명시적으로 지도하는 것은 IB 수업에서 다루고자 한다.

수업 내용

ATL을 소개하기 위해 먼저 '스펙트럼 입장 진술문' 활동을 진행하였다. 이 활동의 목적은 학생들이 미래 사회에 필요한 역량이 무엇인지 깊이 고민해 보도록 하는 것이다. 학생들은 미래 사회의 모습을 상상해 보고, 자신이 미래 사회를 살아가기 위해 필요한 역량을 알고 있는지, 또 실제로 그런 역량을 기르기 위해 노력하고 있는지를 성찰하며 글로 정리하였다.

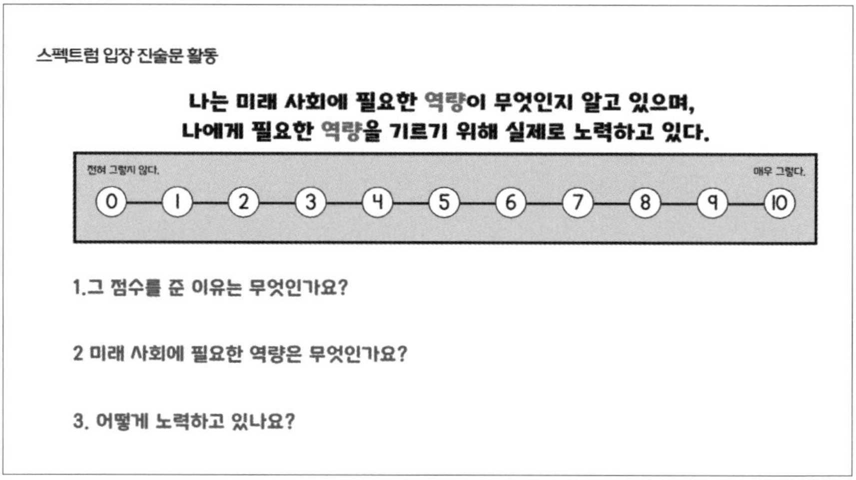

그림 7.4 스펙트럼 입장 진술문 활동

이어 교실 벽면에 1점부터 10점까지 표시해 두고, 학생들이 스스로 알맞다고 생각하는 위치에 서도록 하였다. 비슷한 점수를 선택한 친구들과는 의견을 나누고, 다른 점수를 선택한 친구들과는 대화를 통해 생각을 확장하였다. 활동을 마친 뒤 교사는 "미래 사회에 필요한 역량을 기르기 위해서는 평생 학습자가 되어야 하며, 이를 위한 기능이 바로 ATL"임을 강조하였다.

다음 활동으로 그림책 『배운다는 건 뭘까?』(채인선 글, 윤봉선 그림, 미

그림 7.5 ATL 기능 익히기 활동 사례

세기)를 읽으며 앞선 경험과 연결하였다. 교사는 배움이란 삶을 살아가는 힘을 길러 가는 과정이며, 이를 위해서는 지속적인 노력이 필요하다는 점을 짚어 주었다. 학생들은 그림책을 통해 평생 학습자의 자질이 무엇인지 좀 더 구체적으로 이해할 수 있었다. 만약 학생들이 이미 ATL을 배운 경험이 있고 새 학년이 되었다면, 이 활동은 이해도를 점검하는 성격으로 진행될 수도 있다.

마지막으로 ATL의 기능을 익히도록 모둠별 활동지를 제공하였다.▶그림 7.5 각 모둠은 한두 개의 기능을 맡아 읽고 돌아가며 설명하였다. 이어 문제 해결 카드를 나누어 주어, 제시된 문제 상황을 어떻게 해결할 수 있을지 토의하게 하였다.

학생들은 실제 문제를 다루는 과정을 통해 ATL 기능이 생활 속에서 어떻게 활용되는지 직접 체험하였다.

03 4일차: 초학문적 주제를 배우는 수업

1년에 6개의 초학문적 주제를 중심으로 UOI가 진행되기 때문에, UOI 시작 전에 여섯 가지 주제의 의미와 중요성을 살펴보는 시간이 필요하다. 학생들이 이 주제들에 대해 미리 이해하면, 앞으로의 탐구 활동에 더 깊이 몰입할 수 있다. 우선 초학문적 주제를 처음 듣는 학생들을 위해 초학문적 주제에 대해 간단히 설명하는 시간을 가졌다.

1단계 그림 퀴즈로 주제 탐색하기

먼저, 초학문적 주제 여섯 가지를 나타내는 그림들을 준비하여 학생들에게 보여 주었다. 학생들은 그림을 보고 앞으로 어떤 내용을 탐구하게 될지 예측하고 자유롭게 이야기 나누는 시간을 가졌다. 이 활동을 통해 학생들은 딱딱한 용어 대신 직관적인 이미지로 주제에 접근하며 흥미를 가질 수 있었다.

2단계 보물찾기 활동으로 주제 연결하기

모둠별로 태블릿을 들고 교실이나 학교 곳곳을 돌아다니며, 여섯 가지 초학문적 주제에 해당하는 사물이나 상황을 찾아 사진을 찍는 활동을 진행했다. 예를 들어, '우리는 누구인가(Who we are)' 주제를 나타내기 위해 학생들의 다양한 표정을 찍거나, '세계가 돌아가는 방식(How the world works)'을 표현하기 위해 하늘, 컴퓨터 등을 찍을 수 있었다. 학생들이 찍은 사진을 온라인 게시판에 올려 서로의 생각을 공유하고 주제를 탐색하였다.

3단계 그림으로 주제 표현하기

마지막으로, 여섯 가지 주제 중 가장 관심이 가는 주제를 하나 골라 그림으로 표현하는 활동을 했다. 이 활동은 학생들이 보물찾기를 통해 발견한 주제의 의미를 내면화하고, 자신만의 방식으로 재해석할 수 있도록 돕는다. 완성된 그림을 친구들에게 발표하면서 각 주제가 가진 의미에 대한 이해를 더욱 깊게 만들 수 있었다.

이러한 단계별 활동을 통해 학생들은 초학문적 주제를 단순히 외우는 것이 아니라, 직접 탐색하고 표현하며 능동적으로 배워 나갈 수 있다. 교실 밖으로 나가 돌아다니기 어려운 경우에는 교실 안에서 교과서를 펼쳐 놓고 같은 활동을 진행할 수 있다. 학생들은 하나의 초학문적 주제에 여러 교과의 사진이나 그림이 관련된다는 것을 활동을 통해 배울 수 있었을 것이다.

04 5일차: 명시된 개념을 배우는 수업

명시된 개념을 배우면서 학생들은 주제를 다양한 관점에서 바라보고 질문할 수 있는 힘을 기른다. 그러나 일곱 가지 명시된 개념을 외우는 것부터 큰 난관에 봉착한다. 따라서 명시된 개념을 지도할 때는 기억하기 – 이해하기 – 적용하기 단계에 따라 지도하는 것이 효과적이다.

기억하기

먼저 학생들은 IB 명시된 개념 일곱 가지가 무엇인지 알아야 한다. 이 단계의 목표는 개념 용어를 익숙하게 기억하기 위함이다. 하지만 초등학생에게 '형태, 기능, 인과 관계, 변화, 연결성, 관점, 책임'이라는 IB 용어는 낯설고, 학습자상 열 가지와 함께 외우기에는 쉽지 않다. 이에 교사는 참고도서(『교실로 들어온 IB 학습 접근 방법』, 사회평론아카데미, 2025)를 활용하여 노래로 개념 학습을 시작하였다. 노래는 리듬과 반복성이 있어 학생들이 용어를 쉽고 재미있게 기억할 수 있도록 돕는다. 학생들은 처음에는 듣고 따라 부르면서 개념 단어를 익혔고, 점차 속도를 빠르게 하며 도전 의식을 갖고 불렀다. 몇몇 학생은 노래에 맞춰 율동을 만들어내기도 했다. 이러한 과정을 통해 학급 전체가 일곱 가지 개념을 자연스럽게 기억할 수 있었다.

이해하기

기억하기 단계가 끝난 뒤, 이해하기 단계에서는 명시된 개념 하나하나가 어떤 의미를 가지는지 살펴보는 과정을 거쳤다. 물론 노래를 부르며 개념을 자연스럽게 이해한 학생도 있었지만, 이해 여부를 확인하는 별도의 활동은 필수적이었다. 교사는 학생들이 일곱 가지 명시된 개념의 의미를 이해하도록 돕기 위해 질문 퀴즈를 준비하였다. 저학년의 경우에는 활동지를 활용하여 비눗방울, 연필과 같이 친숙한 사물을 주제로 한 질문을 제시하였고, 고학년의 경우에는 카훗(Kahoot)과 같은 온라인 도구를 사용하여 이전 학년에서 이미 배운 개념과 관련된 질문을 출제하였다. 학생들은 제시된 질문이 어떤 렌즈, 즉 어떤 개념을 바탕으로 만들어진 것인지 맞히는 방식으로 참여하였다. 예를 들어 "낙타의 혹은 어떤 역할을 할까?"라는 질문은 기능 개념과 연결되며, "거짓말은 꼭 나쁜 것일까?"라는 질문은 관점 개념과 관련된다. 이처럼 학생들은 질문을 보며 해당 질문이 어떤 개념을 기반으로 만들어졌는지 답하는 과정을 통해, 단순히 외웠던 용어를 실제 의미로 확장시키고 이해로 발전시킬 수 있었다.

적용하기

적용하기 단계는 이해를 더욱 심화하는 과정으로, 학생이 직접 명시된 개념을 활용해 질문을 만들어 보는 활동이다. 먼저 모둠별로 하나의 친숙한 주제를 정한 뒤, 일곱 가지 명시된 개념을 기준으로 질문을 만들어보도록 하였다. 예를 들어 '스마트폰', '학교', '바다'와 같은 주제를 선택하면, 각 개념에 맞는 질문을 함께 만들어내는 방식이다. 이 과정에서 학생들은 서로 의견을 나누며 질문을 다듬고, 같은 주제도 다양한 관점에서 탐구할 수 있음을 경험하였다. 이후 개별 활동에서는 각자 좋아하는 주제를 선택해 일곱 가지 개념에 해당하는 질문을 직접 만들어 보게 하였다. 질문 생성이 어려운 학생의 경우에는 일곱 개 전부가 아닌 세 개 정도의 개념만 선택하도록 하여 부담을 줄였다. 이러한 활동을 통해 학생들은 단순히 용어를 이해하는 수준을 넘어, 개념을 실제 탐구 질문으로 적용하면서 의미를 확장할 수 있었다.

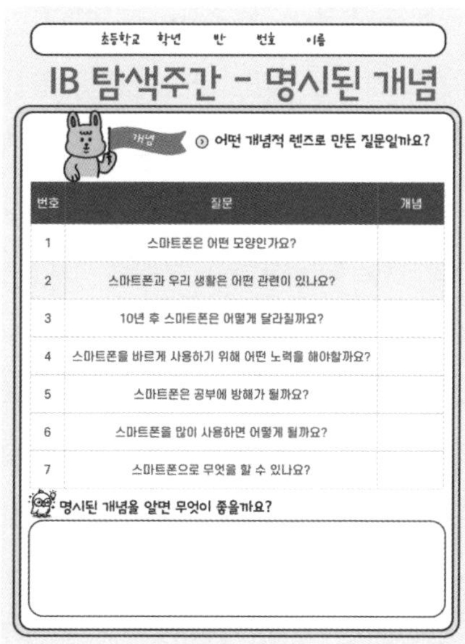

그림 7.6 명시된 개념 이해하기 및 적용하기 활동지

8장 저학년 수업 사례

저학년 IB 수업을 설계할 때 교사가 흔히 겪는 어려움은 'ATL 기능 훈련과 탐구 경험이 부족한 학생들에게 탐구학습을 어떻게 운영할 것인가' 하는 점이다. 이러한 이유로 "탐구학습이 초등 저학년에게도 효과적인가?"라는 질문을 자주 받는다.

스스로 답을 찾아가는 탐구학습의 경험은 모든 학년에 중요하다. 그러나 저학년의 탐구는 중·고학년과는 다른 양상으로 전개된다. 저학년 학생들은 다른 학년에 비해 집중 시간이 상대적으로 짧고 배경지식이 충분하지 않다. 이러한 이유로 저학년은 놀이와 생활 경험 속에서 탐구가 이루어지는 경우가 많다. 따라서 저학년의 탐구 수업에서는 놀이와 다양한 경험을 통해 호기심을 키우는 것이 더 중요하다. 탐구하는 과정에서 느끼는 즐거움과 그 결과를 친구들과 나누는 경험이 곧 탐구의 의미가 된다.

이러한 맥락에서 탐구 단원 설계 시 놀이와 다양한 경험을 중심으로 활동을 구성하고자 하였다. 또한 학생들에게 어떤 탐구 경험을 제공할 것인지, 또 탐구를 통해 무엇을 이해하기를 기대하는지, 학생들의 사전 경험과 함께 고려하였다. 1학년에서는 『우리나라(교육부, 2024)』 교과서를 통해 자신이 속한 나라의 상징과 문화를 탐구하였다. 이 경험을 토대로 2학년에서는 탐구의 범위를 우리나라에서 세계로 확장하였다. 학생들은 자신이 알고 싶은 나라를 선택해 탐구하고, 그 과정에서 다른 나라와 문화에 관심을 가지며 차이와 다양성을 이해하게 된다. 이러한 경험은 IB 교육이 지향하는 국제적 소양과도 연결되며, 학생들이 열린 마음을 지닌 사람으로 성장하는 토대가 된다. 이를 실제 수업으로 구체화하기 위해 단원을 설계하면서 다음과 같은 지점들을 고민했다.

- 알고 싶은 나라를 탐구하기 위해 학생들에게 어떤 학습 접근 방법(ATL)이 필요한가?
- 다양성의 개념을 학생들이 이해했는지 어떻게 확인할 수 있는가?
- 세계 시민의 개념을 2학년 수준에서 어떻게 이해하도록 설계할 수 있는가?

이번 단원은 이러한 고민을 바탕으로 설계되었다. "세계를 주제로 2학년 학생들에게 어떻게 의미있는 탐구 경험을 제공할 수 있는가?"라는 물음을 중심에 두고 IB의 UOI 설계 과정 및 실제 수업이 어떻게 진행되었는지 살펴본다.

01 단원 설계 살펴보기

'세계'를 주제로 한 UOI의 초학문적 주제는 '우리가 속한 공간과 시간'이다. 중심 아이디어는 "세계 여러 나라의 자연환경과 문화를 이해하면 세계 시민으로서 함께 살아가는 데 도움이 된다"로, 명시된 개념은 '형태, 연결성, 관점'으로 정했다. 표 8.1 단원 설계를 살펴볼 수 있는 탐구 단원의 개요이다.

표 8.1 '우리가 속한 공간과 시간'을 주제로 한 탐구 단원 설계

<table>
<tr><th>초학문적 주제</th><td colspan="4">우리가 속한 공간과 시간</td></tr>
<tr><th>중심 아이디어</th><td colspan="4">세계 여러 나라의 자연환경과 문화를 이해하면 세계 시민으로서 함께 살아가는 데 도움이 된다.</td></tr>
<tr><th>탐구 질문</th><td colspan="4">세계 여러 나라의 문화와 전통을 왜 배워야 할까요?</td></tr>
<tr><th>명시된 개념</th><th colspan="2">탐구 주제 목록</th><th>탐구 질문</th><th>개념</th></tr>
<tr><th>형태</th><td>LOI 1</td><td>세계 여러 나라의 자연환경과 문화</td><td>세계 여러 나라의 자연환경과 사람들의 생활 모습(옷, 음식, 집)은 어떠한가요?</td><td rowspan="3">세계, 자연환경, 문화, 전통 세계 시민, 다양성</td></tr>
<tr><th>연결성</th><td>LOI 2</td><td>전통과 생활 모습의 관계</td><td>세계 여러 나라의 전통과 생활모습은 어떻게 연결되어 있을까요?</td></tr>
<tr><th>관점</th><td>LOI 3</td><td>다양한 문화를 바라보는 관점</td><td>다른 문화를 어떻게 대해야 할까요?</td></tr>
<tr><th>실천</th><td colspan="4">세계 여행 박람회</td></tr>
<tr><th>학습 접근 방법</th><th>하위기능</th><th colspan="3">학습자상</th></tr>
<tr><th>의사소통 기능</th><td>문해력 - 중요한 내용 찾기, 요약</td><th>지식이 풍부한 사람</th><td colspan="2">세계 여러 나라의 자연환경과 생활모습에 대해 이해한다.</td></tr>
<tr><th>대인관계 기능</th><td>협력 - 역할 분담, 협력 활동</td><th>소통하는 사람</th><td colspan="2">세계 여러 나라의 서로 다른 전통을 즐겁게 소통하고 표현할 수 있다.</td></tr>
<tr><th>조사 기능</th><td>계획, 수집, 정리</td><th>열린 마음을 지닌 사람</th><td colspan="2">세계 여러 나라의 다양한 문화를 열린 마음으로 받아들인다.</td></tr>
</table>

교육과정 살펴보기: 개념 찾고, 초학문적 주제 연결하기

단원을 설계하는 과정은 학년이나 초학문적 주제에 따라 그리고 설계자에 따라 다르다. 저학년의 경우 교육과정이 통합교과, 국어, 수학, 창의적 체험활동으로 구성되어 있기 때문에 UOI를 설계하는 것이 쉽지 않다. 가르쳐야 할 개념이 비교적 명확한 중·고학년은 중심 교과를 두고 다양한 교과가 통합되면서 UOI가 설계될 수 있다. 반면 저학년은 통합교과서 안에서 이미 초학문적 구성이 이루어져 있어, 이를 어떻게 초학문적 주제와 연결할지가 설계의 출발점이 된다. 이 단계에서는 국가 수준 교육과정을 살펴보는 것도 도움이 된다. 2022 개정 교육과정에서 통합교과 '세계' 단원의 핵심 아이디어는 "우리는 삶의 공간을 넓히며 살아간다"이다. 이때 핵심 아이디어가 초학문적 주제 '우리가 속한 공간과 시간'과 직접적으로 연결된다는 것을 알 수 있다.

여기에 성취기준 '[2바02-03] 차이나 다양성을 서로 존중하면서 생활한다', '[2슬02-03] 알고 싶은 나라를 탐구하며 다른 나라에 관심을 갖는다', '[2즐02-03] 다른 나라의 문화 예술을 체험한다'를 함께 살펴보면, 공동체, 문화, 환경의 측면에서 '다양성'과 '존중'이라는 개념을 확인할 수 있다. 이렇게 국가 수준 교육과정의 핵심 아이디어와 성취기준을 함께 분석하는 과정에서 초학문적 주제가 정해지고, 탐구에서 다뤄야 할 개념이 선명해진다.

또한 이 과정에서 관련된 다른 성취기준을 살펴볼 수 있다. 이번 UOI와 관련된 성취기준은 표 8.2와 같다.

표 8.2 '우리가 속한 공간과 시간'과 관련된 성취기준

성취기준	[2슬02-03] 알고 싶은 나라를 탐구하며 다른 나라에 관심을 갖는다. [2바02-03] 차이나 다양성을 서로 존중하면서 생활한다. [2즐02-03] 다른 나라의 문화 예술을 체험한다. [2슬02-04] 궁금한 세계를 다양한 매체로 탐색한다. [2바04-02] 다양한 생각이나 의견에 대해 개방적인 태도를 형성한다. [2국02-05] 읽기에 흥미를 가지고 즐겨 읽는 태도를 지닌다. [2국03-03] 주변 소재에 대해 소개하는 글을 쓴다. [2국01-03] 상대의 말을 집중하여 듣고 말차례를 지키며 대화한다. [2국02-03] 글을 읽고 중심 내용을 확인한다.

중심 아이디어와 탐구 주제 목록 작성하기

초학문적 주제와 가르쳐야 할 개념이 정해졌으면 개념과 개념 사이의 연결성을 진술한 문장인 중심 아이디어를 만들 차례이다. "탐구를 통해 학생들이 무엇을 이해하기를 바라는가?"라는 질문에 대한 답을 고민하면 중심 아이디어를 만들 수 있다. 사실 중심 아이디어는 단번에 정해지기보다 설계 과정에서 여러 차례 수정되며 구체화된다.

성취기준에서 찾은 다양성과 존중의 개념을 왜 배워야 하는지 고민해 보면, 그것이 세계 시민으로 성장하는 데 필수적이라는 결론에 도달할 수 있다. 세계 시민의 첫걸음은 다양성을 이해하는 것이며, 다양성을 존중하는 태도는 세계 시민의 자질로 이어진다. 따라서 세계를 처음 배우는 2학년의 탐구는 여러 나라를 조사하고 관심을 가지는 과정을 통해 다양성의 개념을 이해하고, 세계라는 공간이 다양한 사람들과 함께 살아가는 공간임을 깨닫도록 설계할 필요가 있다. 이러한 과정을 통해 만들어진 중심 아이디어는 "세계 여러 나라의 자연환경과 문화를 이해하면 세계 시민으로서 함께 살아가는 데 도움이 된다"이다. 그렇다면 이 중심 아이디어에 도달하기 위해 탐구의 흐름은 어떻게 진행될 필요가 있을까? 탐구의 흐름

을 고려하는 것은 곧 탐구 주제 목록(LOI)을 정하는 것이며, 이때 탐구의 범위를 좁혀 주기 위해 명시된 개념이 사용된다.

2학년 학생들은 '세계'라는 주제를 처음 배우기 때문에, 해당 주제에 대한 다양한 모습을 탐구하도록 하는 것이 가장 중요하다. 이러한 이유로 먼저 형태(Form)의 렌즈로 세계 여러 나라의 자연환경과 문화를 탐구하도록 계획하였다. 학생들은 "여러 나라의 자연환경과 생활 모습은 어떠한가?"라는 탐구 질문을 따라가며 다양한 형태를 이해하게 된다. 자연환경과 생활모습에 대한 기초 이해가 뒷받침될 때, 이후 탐구가 더욱 의미 있게 이어질 수 있다.

다음으로는 연결성(Connection)의 렌즈를 적용하여 전통과 생활 모습의 관계를 탐구하도록 하였다. 세계 여러 나라의 전통 문화를 살펴본 뒤, 전통과 생활이 서로 어떤 관련을 맺고 있는지를 파악하는 과정이 필요하기 때문이다. 이를 통해 학생들은 전통이 일상생활 속에 어떻게 반영되는지를 이해하게 된다.

마지막으로 관점(Perspective)의 렌즈를 활용하였다. 조사하고 싶은 나라를 선택해 발표하고 공유하는 과정에서 서로 다른 문화를 바라보는 태도의 중요성을 배우도록 한 것이다. 다양한 문화를 존중하는 태도가 세계 시민으로서의 자질과 직접 연결되기 때문에, 관점은 탐구의 마무리 단계에서 반드시 다뤄져야 하는 개념이다.

지금까지 핵심 아이디어와 성취기준의 개념을 찾아내며 중심 아이디어를 만들고, 탐구의 범위와 흐름을 위해 명시된 개념과 탐구 주제 목록을 정하였다. 이렇게 명시된 개념과 탐구 주제 목록이 정해진 후에는 중심 아이디어에 도달하는 과정에서 학생들이 얻는 개념적 이해를 탐구 주제 목록(LOI)별로 문장으로 진술하였다.

- LOI 1: 세계 여러 나라의 자연환경과 사람들의 생활 모습은 다양한 형

태로 나타난다.

- LOI 2: 세계 여러 나라에는 각 나라 고유의 전통이 있고 이는 사람들의 생활 모습과 연결되어 있다.
- LOI 3: 다양한 문화를 존중하는 태도는 함께 사는 세계를 만들 수 있다.

이렇게 개념적 이해를 LOI별로 문장으로 만들 때 좋은 점은 탐구의 방향을 명확하게 잡아 준다는 것이다. 40차시 이상의 긴 탐구가 진행되면서 길을 잃을 수가 있는데, LOI마다 학생들이 무엇을 이해해야 하는지 방향성을 잡으면 나중에 학습 경험을 설계할 때 도움이 된다.

학습 접근 방법(ATL)과 학습자상 정하기

이어서 LOI마다 학생들에게 필요한 학습 접근 방법(ATL)과 학습자상을 함께 선정하였다. 어떤 기능이 개념적 이해에 도달하는 데 도움이 되는지, 그리고 그 과정에서 어떤 학습자상이 길러질 수 있는지를 기준으로 삼았다.

LOI 1은 국어 성취기준 '[2국02-03] 글을 읽고 중심 내용을 확인한다'와 연계하여, 자료에서 핵심을 찾는 연습을 중심으로 구성하였다. 이를 통해 의사소통 기능을 기르며, 다양한 자료를 탐색하는 과정에서 지식이 풍부한 사람(Knowledgeable)으로 성장할 수 있다.

LOI 2는 모둠 활동 속에서 협력 방법과 역할 분담을 명확히 지도하여, 대인관계 기능을 기르도록 하였다. 이러한 경험은 긍정적인 상호작용을 촉진하며, 소통하는 사람(Communicator)으로 성장하게 한다.

LOI 3은 모둠별로 조사하고 싶은 나라를 정해 자료를 수집·정리하는 과정을 중심으로 설계하였다. 이를 통해 조사 기능을 기르고, 탐구한 내용을 친구들과 공유하면서 세계 여러 나라의 문화를 열린 마음으로 바라보는 태도를 기르게 된다. 이 과정은 학생들이 열린 마음을 지닌 사람(Open-minded)으로 성장하는 기반이 된다.

구체적인 학습 경험을 설계하기 전, 평가를 고민하였다. IB PYP에서 총괄평가가 반드시 요구되는 것은 아니다. 하지만 학생들이 개념적 이해와 ATL에 도달하였는지 지속적으로 평가하는 것은 중요하다. 탐구 주제 목록(LOI)별로 학생들의 개념적 이해를 어떻게 확인할 수 있을지, 또 마지막 실천 활동과 어떻게 연결할 수 있을지를 중심으로 고민하였다. 각 탐구 주제 목록(LOI)에서는 학생들이 일반화 문장을 만들고 이를 다시 구체화하여 설명하는 기회를 제공함으로써 개념적 이해를 확인하고자 하였으며, 동시에 LOI에서 중점이 되었던 학습자상과 ATL에 대하여 자기 평가를 하는 기회를 제공하고자 하였다.

마지막 실천 활동으로는 세계여행 박람회를 계획하였다. 학생들은 6학년 학생들을 초대하여 모둠별로 조사한 나라를 소개하고, 세계여행에 필요한 태도를 발표하였다. 이 과정에서 탐구 주제 목록(LOI)을 통해 익힌 ATL(의사소통, 대인관계, 조사 기능)을 종합적으로 발휘하며, 세계 여러 나라에 대한 관심을 확장하고 다양성에 대한 이해를 심화할 수 있었다.

02 수업 운영 따라가기

본 탐구 단원은 통합교과, 국어, 창의적 체험활동 시간을 통합하여 총 52차시로 구성하였다.▶표 8.3 놀이와 활동이 중심이 되는 저학년 수업의 특성을 반영하여 탐구 초반에는 흥미와 몰입을 위한 다양한 활동을 계획하였다. 또한 탐구 과정 속에서 필요한 학습 접근 방법(ATL)을 명시적으로 지도한 점이 특징이다.

표 8.3 단원 구성별 탐구 단계 및 주요 내용

단원 구성	탐구 단계	학생 활동의 초점	차시
단원 시작	질문하기	노래 부르기, 빙고 놀이, 마인드맵, 호기심 테이블 등을 통해 질문 만들기	7차시
LOI 1	탐색하기-연결하기-성찰하기	세계 여러 나라의 자연환경과 생활 모습 알아보기	6차시
LOI 2	질문하기-탐색하기-연결하기-성찰하기	전통과 생활 모습이 어떤 관련이 있는지 알아보기	17차시
LOI 3	질문하기-탐색하기-연결하기	다양한 문화를 어떻게 바라봐야 하는지 알아보기	16차시
단원 마무리	실천하기-성찰하기	세계 여행 박람회	6차시

단원 시작: 질문하기

질문하기 단계는 총 7차시를 할애하여 운영하였다. 저학년은 배경지식이 상대적으로 부족하기 때문에 탐구 초반에 다양한 놀이와 활동을 통해 자신의 지식을 환기하고 새로운 사실을 접하는 과정이 필요하다. 이러한 경험이 쌓일 때 비로소 호기심이 생겨나고, 학생 스스로 질문을 만들어 내는 탐구가 가능하다. 이러한 이유로 탐구 첫 단계인 질문하기에 많은 시간을 배정하였으며, 이후 탐구 단계가 깊이 있게 이어질 수 있는 토대를 마련하고자 하였다.

구체적인 활동으로는 세계 수도송을 듣고 빙고 놀이를 하였으며, 세계 여러 나라에 대해 알고 있는 점을 마인드맵으로 정리하였다.▶그림 8.1 또 각자 다른 나라를 선택하여 국기를 색칠하고 퀴즈를 내거나 신체 놀이 활동을 하였다. 이러한 활동들은 학생들이 세계 여러 나라에 친숙해지고, 자신이 가진 사전 지식을 떠올리면서 탐구 주제에 자연스럽게 몰입하도록 돕는 데 목적이 있었다.

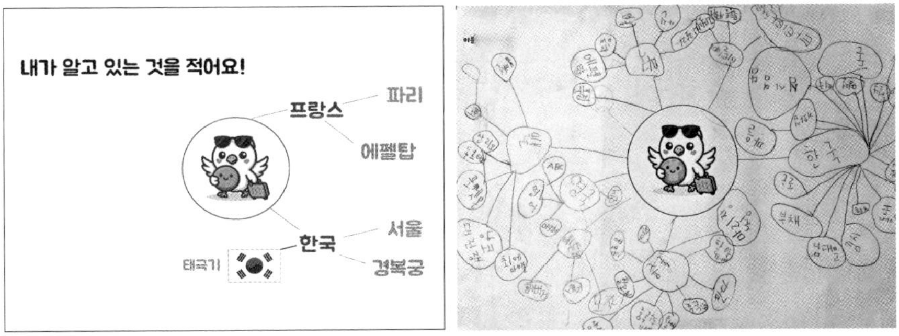

그림 8.1 학생의 사전 지식 파악을 위한 마인드 맵

특히 질문하기 단계의 마지막 활동인 '호기심 테이블▶표 8.4'에서는 논라, 마트료시카, 키위 같은 실제 물건과 여러 나라의 사진 자료를 제공하고 See – Think – Wonder 전략을 활용하였다. 이를 통해 학생들은 사진과 실물을 자세히 관찰하고 생각을 공유하며 탐구 질문을 만들어냈다. 이 활동의 목적은 단순히 관찰에 그치지 않고, 학생들이 흥미를 바탕으로 스스로 질문을 만들어내며 주도성을 발휘하도록 하는 데 있었다.

표 8.4 호기심 테이블 자료

테이블 1:러시아	테이블 2: 베트남	테이블 3: 뉴질랜드	테이블 4: 이집트	테이블 5: 몽골
러시아 마트료시카 러시아 자연환경 러시아 전통모자 러시아 전통의상 러시아 전통음식 러시아 축제사진	베트남 논라(실물) 베트남 음식 사진 베트남 전통 가옥 베트남 자연 베트남 지도	키위새 인형 키위(과일) 뉴질랜드 자연환경 뉴질랜드 디저트	이집트 자연환경 이집트 피라미드 이집트 전통	몽골 게르 몽골 초원 몽골 음식 몽골 전통 악기

사고를 가시화하는 도구: 마인드맵

마인드맵은 탐구의 전 단계에서 활용될 수 있으나 탐구 단계에 따라 목적이 다르다. 단원의 도입에서 마인드맵을 사용하는 이유는 학생들의 '진단 평가'의 목적으로 학생들이 주제에 대해 이미 알고 있는 배경지식이나 떠오르는 생각을 확인할 수 있기 때문이다. 이러한 결과물은 향후 수업 설계를 위한 자료로 활용될 수 있다.

호기심을 갖고 대화하는 활동: 호기심 테이블

탐구 주제와 관련된 다양한 실물, 사진, 도서 등의 자료를 모아둔 공간이다. 학생들은 이곳의 자료를 자유롭게 만지고 관찰하며 친구들과 생각을 나눈다.
이 활동의 핵심은 정해진 정답을 찾는 것이 아니라, 학생들의 순수한 호기심을 자극하는 데 있다. 학생들은 자신의 관찰을 바탕으로 스스로 질문을 만들어가도록 격려받으며, 이는 '탐구 열기' 단계에서 매우 효과적인 도입 전략이 된다.

LOI 1: 탐색하기-연결하기

명시된 개념	탐구 주제 목록		탐구 질문
형태	LOI 1	세계 여러 나라의 자연환경과 문화	세계 여러 나라의 자연환경과 사람들의 생활 모습(옷, 음식, 집)은 어떠한가요?

형태(Form)의 렌즈로 세계 여러 나라의 자연환경과 문화를 탐구하는 탐구 주제 목록 1(LOI 1)의 탐색하기 단계에서 학생들은 다양한 방법으로 자료를 조사하였다. 먼저 원어민 교사의 뉴질랜드에 대한 설명을 듣고, 자신들이 만든 질문으로 직접 인터뷰를 진행하였다. 학생들은 활동지에 '궁금한 점/알게 된 점'을 정리하며 듣기·말하기·쓰기 활동을 동시에 경험했다. 이어 다문화 강사 수업에서는 중국의 자연환경과 생활 모습을 배우고,

땅의 모양·날씨·동물·음식·옷 등 범주별로 중국에 관한 마인드맵을 작성했다.

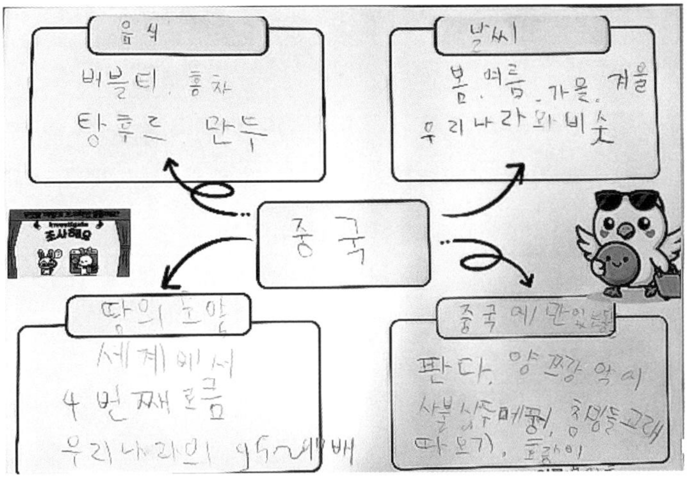

그림 8.2 중국 조사 활동지

또 다른 탐색 활동으로는 세계 여러 나라 집 형태를 조사하였는데, 자연환경과 주거 방식의 관계를 발견하기 위해 "풀이 자라는 초원에서는 어떤 집이 필요할까요?"와 같은 질문을 던지며, 기후·환경과 생활 양식의 연관성을 스스로 파악하도록 안내하였다. 이를 통해 학생들은 생활 모습이 환경과 긴밀히 연결되어 있다는 점을 이해하였다.

이후 국어 교과와 연계하여 '중요한 내용 찾기' 전략을 명시적으로 지도했다. 이는 의사소통 기능(문해력)을 강화하기 위함이었다. "글에서 중요한 내용을 어떻게 찾을 수 있을까요?"라는 탐구 질문을 중심으로, 학생들은 '줄넘기의 좋은 점'이라는 친숙한 글을 활용하여 핵심 내용을 찾는 방법을 연습하였다. 교사는 정리된 전략을 교실 벽에 게시하여 이후 정보 텍스트 읽기에서도 지속적으로 활용할 수 있도록 하였다.

학생들은 곧이어 몽골, 멕시코, 이집트, 러시아, 베트남에 관한 정보

텍스트를 읽으며 자연환경, 주거, 의복, 음식 등의 특징을 정리하였다. 이 과정에서 국어 수업에서 배운 읽기 전략을 실제 조사에 적용하며 문해력과 요약 능력을 강화하였다.

이어지는 연결하기 단계에서는 '연결 4 전략'을 활용하여 학생들이 각자 조사한 나라를 소개하고, 사례를 모아 하나의 일반화 문장을 만들었다. "세계 여러 나라 사람들은 자연환경에 따라 집을 짓고, 옷을 입고, 음식을 먹으며 생활 공간을 만들어 간다"와 같은 문장을 스스로 도출하면서, 자연환경과 생활 모습의 관계에 대한 개념적 이해에 도달하였다. 성찰하기 단계에서는 학습자상 성찰과 학습 접근 방법(ATL) 자기평가가 이루어졌다. 학생들은 이번 탐구를 통해 무엇을 배웠는지, 어떤 점에서 성장했는지, 앞으로 무엇을 실천할 수 있을지를 돌아보며 탐구 경험을 정리하였다.

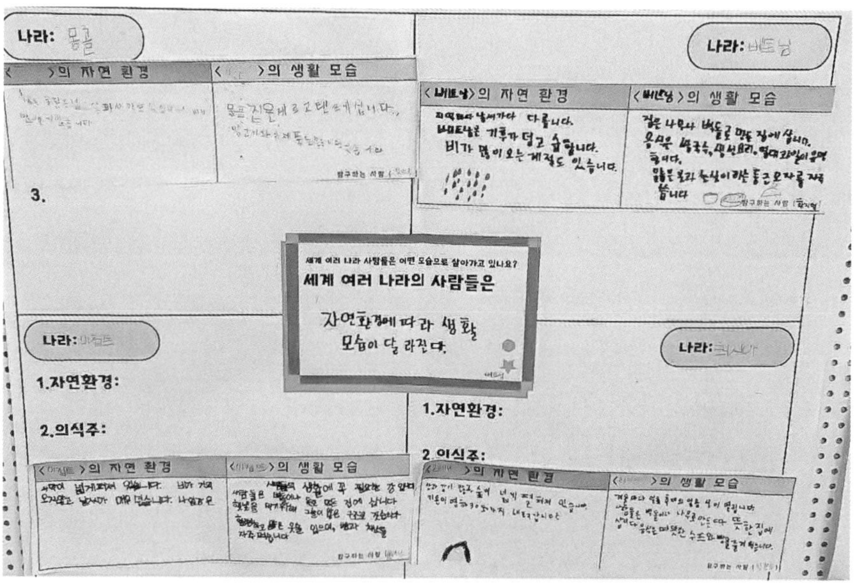

그림 8.3 연결 4 전략을 활용한 일반화 문장 만들기

LOI 2: 질문하기-탐색하기-연결하기-성찰하기

명시된 개념	탐구 주제 목록		탐구 질문
연결성	LOI 2	전통과 생활 모습의 관계	세계 여러 나라의 전통과 생활모습은 어떻게 연결되어 있을까요?

탐구 주제 목록 2(LOI 2)에서는 연결성이라는 개념적 렌즈를 통해, 세계 여러 나라의 전통이 사람들의 생활과 어떻게 연결되어 있는지를 탐구하는 것을 목표로 하였다. 이를 위해 역할극, 여러 나라의 전통 놀이 체험, 만들기, 그림책 읽기 등 다양한 활동을 통해 공동체적 가치와 생활 방식이 전통 속에 담겨 있음을 이해하도록 활동을 구성하였다.

질문하기 단계에서는 먼저 '사실-의견-질문' 활동을 했다. 학생들은 교실 모퉁이에 놓여진 중국, 몽골, 베트남, 인도네시아, 인도의 전통과 관련된 사진을 보며 자유롭게 의견을 나누고 질문을 만들었다. 이때 교사는 "탐구 주제 목록 2(LOI 2)에서는 무엇을 배우게 될까요?", "서로 다른 나라 전통에는 어떤 공통점이 있을까요?"와 같은 질문을 던졌으며, 학생들은 이 질문을 생각하며 탐구의 방향을 잡아갔다.

탐색하기와 연결하기 단계는 세계 여러 나라의 전통을 다양한 방식으로 조사하고(탐색하기), 조사한 자료들의 공통점을 찾아 조직화하는 연결하기 활동으로 진행하였다. 이 두 단계는 명확히 구분되기도 하지만, 조사 방법(탐색) 속에서 자연스럽게 관련성을 찾고 조직화(연결)하는 과정이 이어지기도 한다.

먼저 전통의 의미에 대한 공동의 이해를 형성하고자 1학년 때 배운 한국의 전통 문화를 소재로 역할놀이를 진행하였다. "전통이란 무엇이고, 어떤 가치가 있을까?"라는 질문을 중심으로 활동을 이끌었으며, 학생들은 역할놀이 과정에서 전통의 의미와 가치를 찾아내었다. 이때 모둠별로 협력하기 위해 필요한 태도와 역할놀이 평가 기준을 함께 만들고 실제 활동에 적용하면서 학습 접근 방법(ATL) 중 대인관계 기능을 기르는 경험을 했다. 이어 전통 음식은 클레이로 만들고, 전통 의상은 색칠과 발표를 통해 공유하였으며, 여러 나라의 전통 놀이는 직접 체험하거나 영상을 보며 공통점을 발견하였다.

이후 학생들은 세계 여러 나라의 명절을 조사하였다. 먼저 아시아권에서는 태국 송크란, 몽골·베트남의 설 문화를 중심으로 한국의 설날과 비교하였다. 다음으로 다른 대륙의 축제(스페인 성주간, 미국 추수감사절, 브라질 페스타 주니나, 나이지리아 이둘피트르, 뉴질랜드 마타리키 등)로 탐구를 확장하였다. 이렇게 조사한 자료를 바탕으로 연결하기 단계에서 조직화하였는데, 다른 대륙의 축제에 대한 간단한 글을 읽고, 교차비교 차트를 활용하여 나라, 명절 이름, 전통 음식, 전통 놀이, 명절의 의미 등을 정리하면서 전통이 단순히 과거의 흔적이 아니라 현재 삶과 공동체를 이어주고 있음을 발견하였다.

이후 교사는 그림책 『특별하고 흥미로운 세계의 명절과 축제』(캐런 브라운, 2022)를 읽어 주며, "세계 곳곳에서 열리는 명절과 축제는 사람들에게 어떤 의미가 있을까요?"라는 탐구 질문을 던졌다. 학생들은 책 속 사례를 바탕으로 명절과 축제가 사람들을 모이게 하고 즐겁게 한다는 점을 발견하였으며, 이를 통해 다양한 전통과 문화가 결국 '세계'라는 하나의 공간 속에서 이어지고 있음을 이해하게 되었다.

다음으로 지금까지 조사한 내용을 개념지도를 사용하여 배운 내용을 정리하였고, 교사는 일반화를 위해 다음과 같은 탐구 질문을 던졌다.

- 세계 여러 나라의 '전통'과 우리 생활은 어떤 관련이 있을까요?
- 우리는 어디에서 살아가나요?

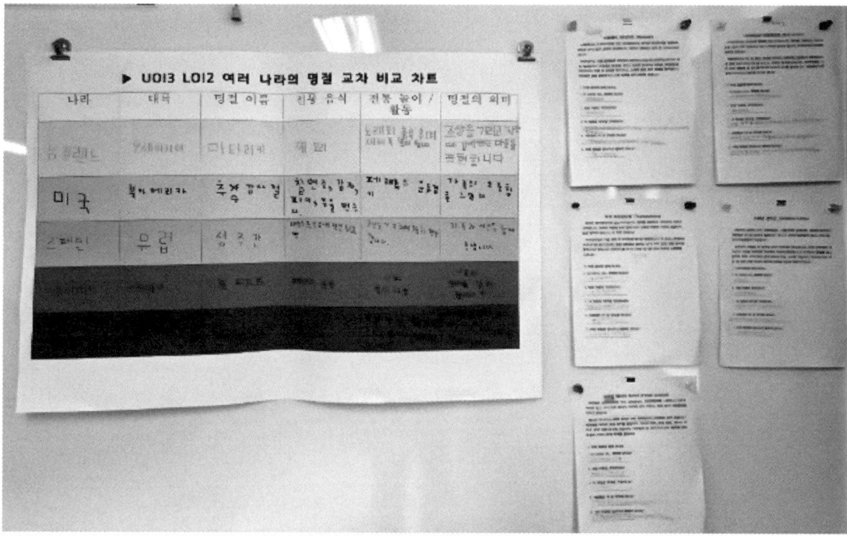

그림 8.4 여러 나라의 명절 교차비교 차트 사례

이를 통해 학생들은 세계 여러 나라는 다양한 전통이 있고, 사람들은 전통을 즐기며 생활한다는 일반화 문장을 만들어냈다.

마지막으로 성찰하기 단계에서는 내가 새롭게 알게 된 전통을 소개하는 글을 쓰고, 이번 LOI의 ATL인 대인관계 기능과 학습자상인 소통하는 사람에 대해 자기 평가를 하였다.

LOI 3: 질문하기-탐색하기-연결하기-성찰하기

명시된 개념	탐구 주제 목록		탐구 질문
관점	LOI 3	다양한 문화를 바라보는 관점	다른 문화를 어떻게 대해야 할까요?

탐구 주제 목록 3(LOI 3)의 목표는 세계 여러 나라를 조사하고 공유하는 과정을 통해 학생들이 다양성과 세계 시민의 개념을 이해하는 것이었다. 질문하기 단계에서 교사는 이번 단원의 마지막 실천 활동인 세계여행

박람회를 소개하며 학생들의 흥미를 끌었다. 학교 캐릭터 '구독이'를 활용한 "세계여행을 하고 싶은 구독이" 이야기를 들려주고, "어떤 나라를 조사하여 소개하고 싶은가?", "무엇을, 어떻게 조사하면 좋을까?"와 같은 질문을 던지자, 학생들은 스스로 조사 계획을 세우기 시작했다.

탐색하기와 연결하기 단계는 두 차례에 걸쳐 반복하여 진행되었다. 첫 번째는 개념 이해를 중심으로, 두 번째는 구체적인 나라 조사를 중심으로 이루어졌다. 첫 번째 탐색하기 단계에서는 다양성과 세계 시민 개념을 이해하도록 그림책을 활용하였다. 교사는 『다다다 다른 별 학교』과 『다름』을 읽어 주었고, 학생들은 두 이야기의 공통점을 찾는 과정에서 "사람들은 다양하다"는 점을 발견하며, 세계라는 공간에 사는 사람들이 저마다 다양한 모습으로 살아간다는 개념적 이해에 도달했다.

이어 "왜 세계 여러 나라에 대해 배워야 할까?"라는 탐구 질문을 중심으로 사고를 확장하였다. 학생들은 '존중', '이해', '함께'라는 핵심 단어를 제시했고, 이를 묶어 '세계 시민'이라는 개념을 도출했다. 틱택토 전략을 활용해 모둠별로 세계 시민의 정의를 만들었으며, 이후 반별로 '세계 시민 노래'를 만들어 발표하면서 세계 시민으로 살아가는 의미를 즐겁게 공유했다.

그림 8.5 학교 캐릭터를 활용한 조사 계획 활동(1)

그림 8.6 학교 캐릭터를 활용한 조사 계획 활동(2)

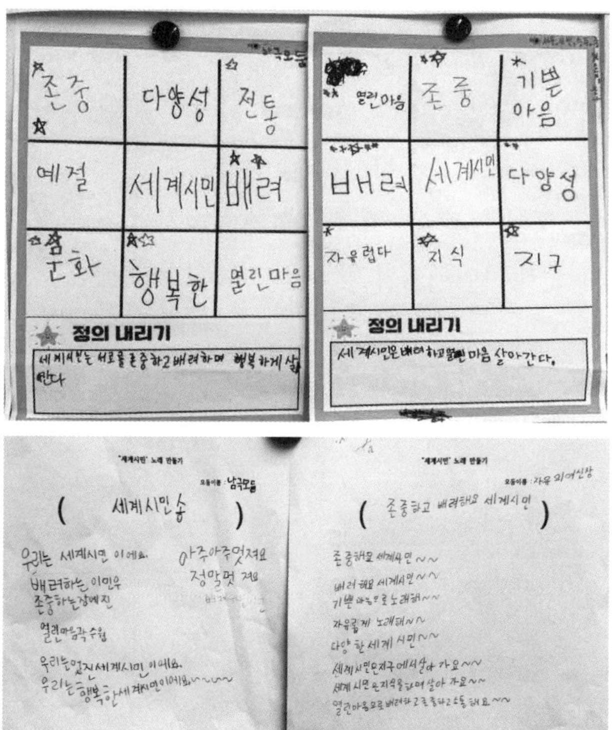

그림 8.7 틱택토 활동으로 세계 시민에 대해 정의 내리고 세계 시민 노래 만들기

두 번째 탐색하기 및 연결하기 단계에서는 각 모둠은 토의를 통해 스스로 조사할 나라를 정하고, 책과 인터넷 자료를 활용하여 조사 활동을 수행하였다. 학생들은 조사 기능(계획·수집·정리)을 발휘하여 자료를 정리하고 중요한 내용을 찾아 자료를 정리하고, 발표를 준비했다. 다만 2학년 학생들이 인터넷에서 정확한 정보를 찾아 이해하고 요약하는 데에는 어려움이 있을 것으로 예상되었기 때문에, 교사는 학생 주도성을 보장하면서도 조사 활동을 지원하기 위해 각 나라에 맞는 애니메이션, 그림책, 정보글 등을 선별된 자료로 미리 미리 준비하여 제공하였다.

성찰하기 단계에서는 조사한 내용을 바탕으로 "세계 여러 나라의 다양한 문화를 이해하는 것이, '세계 시민'으로 함께 살아가는 것과 어떤 관련이 있을까요?"라는 핵심 질문을 던졌다. 학생들은 이 질문에 답하는 과정에서 "서로의 문화를 이해하고 존중해야 함께 평화롭게 살 수 있다", "다양한 문화를 이해하는 것이 세계 시민으로서 함께 살아가기 위한 첫걸음이다"와 같이, 단원의 중심 아이디어와 맞닿아 있는 일반화 문장을 도출하였다.

또한, 이를 바탕으로 "나는 서로 다른 문화를 존중하는 세계 시민이 되겠습니다"와 같이 자신이 실천할 수 있는 구체적인 약속을 정리하며 탐구를 마무리했다.

단원 마무리: 실천하기-성찰하기

단원의 마무리 단계에서는 '세계여행 박람회'를 열어 그동안 배운 내용을 실제로 확장하고 실천하였다. 학생들은 앞서 탐구주제목록 3(LOI 3)에서 조사했던 내용을 바탕으로 6학년 학생들에게 각자가 탐구한 나라를 소개하였다.

특히 발표 과정에서 세계여행 시 필요한 태도를 '세계 시민'의 개념과 연결해 설명하면서, 배운 내용을 새로운 상황에 전이(Transfer)할 기회를 가졌다. 세계여행 박람회 활동이 끝난 후, 전 과정을 돌아보는 성찰 시간을 다시 가졌다. 학생들은 자신이 조사한 내용을 6학년 학생들에게 성공적으로 소개했다는 사실에서 큰 배움의 즐거움을 느꼈다.

그림 8.8 '세계여행 박람회' 개최 사진

세계여행 박람회를 준비하고 실행하는 과정에서 학생들은 학습 접근 방법(ATL)인 의사소통·대인관계·조사 기능을 종합적으로 활용하였다. 박람회에 참여한 6학년 학생들 역시 진지한 모습으로 참여하였으며, 여러 나라에 대해 알 수 있어 좋았고 세계 시민의 의미를 생각해볼 수 있었다는 소감을 남겼다.

이러한 실천 활동은 곧 중심 아이디어인 "세계 여러 나라의 자연환경과 문화를 이해하면 세계 시민으로서 함께 살아가는 데 도움이 된다"를 학생들이 구체적으로 체험하는 기회였다. 학생들은 자신들의 활동이 단순한 학습을 넘어, 다른 사람과 문화적 다양성을 존중하며 살아가는 태도로 연결된다는 점을 깨달았다.

그림 8.9 세계 여행 박람회 예시 작품

9장 고학년 수업 사례

사춘기는 고학년 학생들이 겪는 가장 큰 변화 중 하나이다. 이 시기의 학생들은 키가 급격히 자라거나 여드름이 생기고, 목소리가 변하는 등 2차 성징을 경험하면서 스스로 낯설고 불안한 감정을 느낀다. "괜히 짜증이 난다", "친구들이 나를 이상하게 보는 것 같다"와 같은 고민을 털어놓는 경우가 많으며, 또래 관계에서도 어제는 친했다가 오늘은 다투는 일이 잦아지고 감정 기복이 커지는 경험을 하게 된다. 많은 학생들이 이러한 변화를 어떻게 받아들여야 할지 몰라 당황하거나 스스로를 통제하지 못하기도 하는 시기이기도 하다.

이 단원은 교사가 사춘기라는 주제로 UOI로 구성하면서, 학생의 실제 경험과 성장을 동시에 고려하여 설계한 것이다. 교사의 설계와 실천이 어떻게 이루어졌는지를 살펴보면서 아래의 질문을 염두해 두고 읽기를 바란다.

- 명시된 개념과 성취기준, 그리고 ATL은 어떤 목적을 위해 선택되었는가?
- 학생들의 활동과 평가는 어떻게 연결되는가?
- 학생의 배움이 삶으로 전이될 수 있도록 어떻게 설계되고 실행되었는가?

이번 단원은 이러한 고민 속에서 출발하여 만들어진 수업 사례이다. "사춘기 단원을 어떻게 UOI로 구성하고 운영할 수 있는가?"라는 물음을 중심에 두고 IB의 UOI 설계 과정과 실제 수업의 흐름, 그리고 학생들의 성장 과정을 함께 살펴보고자 한다.

01 단원 설계 살펴보기

성취기준 살펴보기

사춘기 단원은 우리는 누구인가라는 초학문적 주제로 구성되었으며, 중심 아이디어는 "사람들은 자라면서 변하고, 이러한 변화는 스스로를 이해하는 데 영향을 준다"로 정했다. 명시적 개념은 변화, 인과관계, 기능으로 표 9.1과 같이 구성하였다.

중심 아이디어와 명시적 개념을 선택한 이유는 분명하다. 고학년은 사춘기를 직접 경험하는 시기로, 단순한 지식 습득보다는 자신을 객관적으로 이해하고, 관계 속에서 균형을 찾는 성찰이 필요하다. 그래서 '변화'를 통해 신체·정서적 변화를 이해하도록 했고, '인과관계'를 통해 이러한 변화가 또래 관계와 웰빙에 어떤 영향을 미치는지 탐구하도록 설계했다. 또한 '기능'을 포함시켜 학생들이 자아 정체성이 삶에서 어떤 역할을 하는지 고민하고 탐색할 수 있도록 하였다. 이를 통해 "사춘기에는 어떤 변화가 생길까?", "또래 관계는 나의 행복과 웰빙에 어떤 영향을 미칠까?", 그리고 "나를 이해하는 것은 왜 중요할까?"같은 질문이 자연스럽게 파생되도록 했다.

이렇게 세 개의 명시적 개념과 탐구 질문을 생각한 뒤 구체적인 학습 내용을 확인하기 위해 5학년 교육과정에 제시된 성취기준을 분석하였다. 그리고 교과별로 표 9.2와 같은 성취기준이 선택되었다. 그리고 학생들이 탐구 과정 속에서 어떤 기능을 집중적으로 기를 것인지, 또 어떤 학습자상으로 성장할 것인지를 분명히 하기 위해 성취기준을 하나하나 분석하며 그 속에 담긴 과정과 기능을 찾았다.

표 9.1 '우리는 누구인가'를 주제로 한 탐구 단원 설계

<table>
<tr><th>초학문적 주제</th><td colspan="4">우리는 누구인가</td></tr>
<tr><th>중심 아이디어</th><td colspan="4">사람들은 자라면서 변하고, 이러한 변화는 스스로를 이해하는 데 영향을 준다.</td></tr>
<tr><th>탐구 질문</th><td colspan="4">사람들이 겪는 변화를 이해하는 것은 왜 중요할까?</td></tr>
<tr><th>명시된 개념</th><th colspan="2">탐구 주제 목록</th><th>탐구 질문</th><th>개념</th></tr>
<tr><th>변화</th><td>LOI 1</td><td>사춘기의 신체적, 감정적 변화</td><td>사춘기에는 어떤 변화가 생길까?</td><td rowspan="3">사춘기, 자아정체성, 발달, 또래 관계, 자기관리</td></tr>
<tr><th>인과관계</th><td>LOI 2</td><td>또래 관계가 웰빙에 미치는 영향</td><td>또래 관계는 나의 행복과 웰빙에 어떤 영향을 미칠까?</td></tr>
<tr><th>기능</th><td>LOI 3</td><td>자아 정체성의 역할</td><td>나를 이해하는 것은 왜 중요할까?</td></tr>
<tr><th>실천</th><td colspan="4">사춘기에 대해 잘 모르는 동생이나 후배들에게 설명이나 조언해 주기 등</td></tr>
<tr><th>학습 접근 방법</th><th colspan="2">하위기능</th><th colspan="2">학습자상</th></tr>
<tr><th>자기관리 기능</th><td colspan="2">마음가짐: 내 마음 챙기기, 감정관리</td><td>균형잡힌 사람</td><td>자신과 타임의 행복을 위해 삶의 지적, 물리적, 정서적 균형을 이루는 사람</td></tr>
<tr><th>사고 기능</th><td colspan="2">성찰과 메타인지</td><td>성찰하는 사람</td><td>세상과 자기 생각 및 경험에 대해 생각하는 사람</td></tr>
<tr><th>대인관계 기능</th><td colspan="2">긍정적 관계: 자기조절, 친구지원</td><td>소통하는 사람</td><td>다른 개인과 집단의 의견을 경청하여 효과적으로 협력하는 사람</td></tr>
</table>

표 9.2 UOI 설계에 선택된 성취기준

교과	성취기준
국어	[6국01-07] 상대가 처한 상황을 이해하고 공감하며 듣는 태도를 지닌다. [6국05-05] 작품에 대한 이해와 감상을 바탕으로 하여 다른 사람과 적극적으로 소통한다. [6국05-06] 작품에서 얻은 깨달음을 바탕으로 하여 바람직한 삶의 가치를 내면화하는 태도를 지닌다.
도덕	[6도01-01] 감정과 욕구를 조절하지 못해 나타날 수 있는 결과를 도덕적으로 상상해 보고, 올바르게 자신의 감정을 조절하고 표현할 수 있는 방법을 습관화한다. [6도04-01] 긍정적 태도의 의미와 중요성을 알고, 어려움을 극복하기 위한 긍정적 삶의 태도를 습관화한다.
실과	[6실01-01] 아동기의 신체적, 인지적, 정서적, 사회적 발달의 특징 및 발달의 개인차를 알아 자신을 이해하고, 건강하게 발달하기 위해 필요한 조건을 설명한다. [6실01-02] 아동기에 나타나는 남녀의 성적 발달 변화를 긍정적으로 이해하고 성적 발달과 관련한 자기 관리 방법을 탐색하여 실천한다.
체육	[6체01-01] 성장에 따른 신체적 변화를 수용하고 건강한 성장과 발달을 저해하는 생활 양식(흡연, 음주, 약물 오남용 등)의 위험성을 인식한다. [6체01-02] 건강을 유지하기 위한 체력 운동을 선택하고 자신의 수준에 맞게 운동 계획을 세워 실천한다.
미술	[6미01-01] 자신의 특징을 다양한 방법으로 탐색할 수 있다.

ATL, 학습자상과 연결하기

성취기준을 분석하면서, 각 성취기준이 어떻게 ATL, 학습자상과 연결되는지 구체적으로 살펴보았다.

예를 들어, 실과 성취기준 '[6실01-02] 아동기에 나타나는 남녀의 성적 발달 변화를 긍정적으로 이해하고 자기 관리 방법을 탐색하여 실천한다'는 단순히 '발달의 변화'를 아는 차원을 넘어, 자기관리 기능을 기르는 방향으로 해석되었다. 학생들은 변화 속에서 자기 몸을 돌보고, 일상에서 구체적인 관리 방법을 실천하는 연습을 하게 된다.

국어 성취기준 '[6국01-07] 상대가 처한 상황을 이해하고 공감하며 듣는 태도를 지닌다'는 의사소통 기능으로 연결되며, 나아가 타인의 경험을 존중하는 배려하는 사람으로 이어졌다.

도덕 성취기준 '[6도01-01] 감정과 욕구를 조절하지 못해 나타날 수 있는 결과를 도덕적으로 상상해 보고, 올바르게 자신의 감정을 조절하고 표현할 수 있는 방법을 습관화한다'는 사고 기능과 자기관리 기능으로 확장되었고, 학생들이 자신의 감정을 분석하고 이를 생활 속에서 조절할 수 있도록 하는 실천적 방향으로 재해석되었다.

체육 성취기준 '[6체01-03] 신체활동 참여를 통해 부족했던 체력의 향상을 체험함으로써 타인과 다른 자신의 신체적 기량과 특성을 긍정적으로 수용한다'는 대인관계 기능과 균형 잡힌 사람으로 연결되었다. 운동 활동을 통해 자신을 긍정적으로 수용하고, 동시에 타인의 차이를 존중하는 경험을 하도록 설계된 것이다.

미술 성취기준 '[6미01-01] 자신의 특징을 다양한 방법으로 탐색할 수 있다'는 사고 기능과 성찰하는 사람과 연결되었다. 학생들이 자기 정체성을 탐색하고 표현하는 과정은 곧 사춘기를 바라보는 성찰적 태도를 기르는 기회가 된다.

이처럼 성취기준을 과정·기능·태도의 관점에서 재해석하면, 단원에서 어떤 ATL과 학습자상을 강조할지 구체적으로 드러난다. 특히 성취기준 분석 과정에서 '정체성'과 '균형'이라는 추가 개념을 발견하였다.

다양한 성취기준을 분석하다 보면 강조할 수 있는 기능이 매우 많지만, 한 단원에서 모든 것을 다루는 것은 학습의 초점을 흐릴 수 있다. 따라서 이 단원에서는 자기관리 기능, 사고 기능, 대인 관계 기능 세 가지를 중심 기능으로 선정하였다. 고학년 학생들에게 가장 직접적이고 실질적인 역량이라고 보았기 때문이다.

평가하기

성취기준을 분석하여 ATL과 학습자상을 연결하고 중심 아이디어로 구체화한 뒤 평가를 먼저 고민했다. 단원의 탐구 결과 학생들이 어떤 이해를 보여야 하는지, 그것을 어떻게 평가할 것인지를 고려하며, 사춘기를 주제로 한 탐구가 단순한 지식 확인을 넘어, 그 배움을 실제 삶에 적용하며 표현할 수 있도록 하는 평과 과제와 방법을 찾아야 했다.

구체적인 학습 경험을 설계하기에 앞서 평가부터 구체화한 이유는 평가 과제를 설계하는 과정에서 실제 수업에서 학생들이 경험하게 될 학습 경험이 무엇이 되어야 하는지 분명해지기 때문이다. 이런 고민을 통해 최종 평가 과제는 '사춘기를 먼저 경험한 선배로서, 사춘기를 막 시작한 동생이나 후배에게 편지를 쓰고 발표하기'로 정하였다.▶그림 9.1 이 과제를

평가 과제

- 사춘기를 겪을 동생(후배)에게 편지 쓰기

총괄평가 안내

- 목표: 사춘기를 막 시작한 동생이나 후배의 입장이 되고, 사춘기에 겪게 될 변화와, 그 속에서 어떻게 또래관계를 유지하고, 자신(정체성)을 지켜나가야 하는지 설명해 주는 편지를 쓰고 발표해야 한다.
- 대상: 사춘기를 경험한 언니, 누나, 오빠, 형, 선배 등
- 대상자: 사춘기에 대해 잘 모르는 동생(후배)
- 상황: 사춘기를 처음 겪으며 자신의 변화에 당황하는 동생에게 조언을 해 주는 상황
- 산출물: 편지 쓰고 발표하기
- 기준: 1) 사춘기의 변화(신체적, 감정적, 정신적 변화 등) 내용이 드러나야 한다.
  2) 자신의 경험과 연결지어 사춘기가 자기 정체성에 어떤 영향을 주었는지 표현한다.
  3) 정체성의 개념을 이해하고 이를 활용하여 편지를 작성한다.
  4) 편지의 형식을 작추어 대상이 이해하기 쉽게 자신의 생각을 조리있게 쓴다.

그림 9.1 평가 과제 및 총괄평가 안내 사례

통해 학생들은 자신의 변화를 이해하고, 후배에게 조언하며, 배움을 실제 삶에 전이하는 기회를 갖게 된다.

총괄평가는 네 가지 요소를 기준으로 설계되었다. 첫째, 사춘기의 변화에 대한 이해이다. 신체적·감정적·정서적 변화를 깊이 있고 구체적으로 설명할수록 높은 성취 수준에 도달한다. 둘째, 자신의 경험과의 연결이다. 자

표 9.3 평가 루브릭

평가요소	성취 수준			
	수준 4 (매우잘함)	수준 3 (잘함)	수준 2 (보통)	수준 1 (도움이 필요함)
1. 이해 일기 속 인물이 겪는 사춘기의 변화를 정확히 파악했는가?	일기의 감정, 상황, 변화 내용을 깊이 이해하고 구체적으로 설명함	대부분의 내용을 이해하고 설명함	일부만 이해하고 간단히 설명함	거의 이해하지 못했거나 설명이 부족함
2. 연결 자신의 경험과 연결하여 생각했는가?	자신의 경험과 매우 잘 연결하여 깊이 있는 성찰을 보임	자신의 경험과 연결하여 간단히 설명함	경험 연결이 부족하거나 연결이 어색함	경험과 거의 연결하지 못함
3. 정체성 개념의 활용 정체성이 무엇인지 이해하고 글에 적용하는가?	정체성의 의미를 이해하고 자신의 글에 적절히 반영함	개념을 이해하고 있으나 활용이 다소 부족함	정체성 개념을 부분적으로만 이해함	정체성 개념에 대한 이해가 부족함
4. 구조와 표현력 글의 구조와 생각이나 감정을 조리 있게 표현했는가?	편지의 형식을 완전히 갖추고 글의 구조를 명확히 하여 감정과 생각을 구체적이고 조리 있게 잘 표현함	편지의 형식을 대체로 지키고 글의 구조를 비교적 분명히 하여 감정과 생각을 대부분 조리 있게 표현함	편지의 형식을 일부만 갖추고 글의 구조가 다소 어색하여 감정과 생각의 표현이 부분적으로 부족함	편지의 형식을 거의 갖추지 못하고 글의 구조가 불분명하여 감정과 생각의 표현이 부족하고 이해하기 어려움

신의 사례를 풍부하게 적용하여 또래의 상황과 비교하고 조언할 수 있을 때 높은 수준으로 평가된다. 셋째, 정체성 개념의 활용이다. 사춘기의 변화가 자신에게 어떤 의미를 주었고, 어떻게 자기 정체성에 영향을 미쳤는지를 드러낼 수 있어야 한다. 넷째, 구조와 표현력이다. 편지의 형식을 갖추고, 대상이 이해하기 쉽게 조리 있게 서술하는지가 중요한 평가 요소였다.

각 평가 요소는 표 9.3과 같이 성취 수준을 4단계로 구분하였다. 예를 들어 '이해' 영역에서는 사춘기의 변화를 깊이 있고 구체적으로 설명하면 수준 4, 변화의 개념을 거의 언급하지 못하거나 단편적 사실만 적는 경우는 수준 1로 평가되었다. '경험과의 연결' 영역에서는 자신의 경험을 바탕으로 또래에게 적극적으로 조언할 수 있을 때 높은 수준에 도달하였다.

이처럼 루브릭을 기반으로 한 평가는 학생들에게 학습 목표와 기대 수준을 명확히 안내한다. 학생들은 자신이 단원에서 배운 지식과 경험을 편지 속에 어떻게 담아야 하는지, 어떤 점에서 더 발전할 수 있는지를 분명히 이해할 수 있었다. 동시에 교사는 학생 개개인의 성취를 객관적으로 파악하며, 평가 자체가 또 하나의 탐구와 성찰의 과정이 되도록 이끌 수 있었다.

02 수업 운영 따라가기

본 탐구 단원은 국어, 도덕, 실과, 체육, 미술, 창의적 체험활동을 통합하여 총 34차시로 구성되었다. 탐구는 질문하기-탐색하기-연결하기-실천하기-성찰하기로 이어지는 탐구 모형을 따르며 진행되고 있으며, 각 LOI에서는 각 탐구 질문을 탐색하고 연결하는 활동이 반복하여 이루어지고 있다. 수업은 영화 감상, 토의, 글쓰기 등 다양한 접근을 통해 학생들이 자신의 경험을 탐구하고 개념적으로 정리하도록 구성되었다.

표 9.4 단원 구성에 따른 수업 운영

단원 구성	탐구 단계	학생 활동의 초점	차시
단원시작	질문하기	'메이의 새빨간 비밀'을 보고 질문 만들기	5차시
LOI 1	탐색하기-연결하기	사춘기에 일어나는 변화 알아보기	7차시
LOI 2	탐색하기-연결하기	또래 관계가 나의 행복과 웰빙에 미치는 영향 알아보기	9차시
LOI 3	탐색하기-연결하기	나를 이해하는 것의 중요성 알아보기	7차시
단원 마무리	실천하기-성찰하기	사춘기를 겪게 될 후배들에게 편지 쓰기 및 배움 성찰	6차시

단원 시작: 질문하기

UOI의 시작은 질문하기로, 영화 『메이의 새빨간 비밀』 감상으로 시작되었다. 『메이의 새빨간 비밀』은 평범한 13살 소녀 메이가 어느 날 갑자기 거대한 레서판다로 변하면서 감정을 통제하지 못하고 혼란을 겪는 과정을 그린 영화다. 사춘기의 급격한 신체·정서적 변화를 상징적으로 보여주며, 가족·또래 관계 속에서 자아를 찾아가는 이야기를 담고 있다. 이 영화를 감상하고 난 뒤 학생들은 주인공 메이가 겪는 갑작스러운 감정의 폭발과 정체성의 혼란을 보며 질문을 만들었다.

"왜 메이는 갑자기 빨간 판다로 변했을까?"
"사춘기에는 왜 감정이 쉽게 폭발할까?"
"왜 가족과 갈등을 자주 겪게 되는 걸까?"
"나도 가끔 화를 참기 어려운데, 이게 사춘기 때문일까?"
"왜 메이는 친구들과 함께 있을 때 더 안정감을 느꼈을까?"

이를 통해 학생들과 세 가지 탐구 질문 "사춘기에는 개인의 신체와 감정이 어떤 방식으로 변화하는가?", "사춘기 시기의 또래 관계는 개인의 웰빙에 어떤 영향을 미치는가?", "사춘기 경험은 개인의 자아 정체성 형성과 어떤 관련이 있는가?"를 만들었다.

이후 본격적인 탐구를 시작하였다.

LOI 1: 탐색하기-연결하기

명시된 개념	탐구 주제 목록		탐구 질문
변화	LOI 1	사춘기의 신체적, 감정적 변화	사춘기에는 어떤 변화가 생길까?

LOI 1에서는 '사춘기에 어떤 변화가 생길까?'라는 질문에서 출발했다. 학생들은 영화 속 주인공 메이와 자신의 경험과 연결하며 수업을 시작했다. "나도 요즘 괜히 화가 날 때가 있어요.", "가족에게 짜증이 나는데 이유를 모르겠어요." 같은 솔직한 반응이 이어졌다. 교사는 이런 반응을 탐구의 출발점으로 삼아, "그렇다면 사춘기 우리의 몸과 마음에서는 무슨 일이 일어나고 있을까?"라는 새로운 질문을 던지며 사고를 확장시켰다.

탐색하기 단계에서는 '메이와 나의 뇌 구조 비교하기' 활동▶그림 9.2을 통해 감정 조절과 관련된 뇌의 변화를 시각적으로 이해했다. 이어서 메이와 나를 비교하는 글쓰기 활동을 통해 학생들은 "감정이 폭발하는 건 나쁜 게 아니라, 뇌가 아직 자라는 중이기 때문이에요."라며 감정의 변화가 자연스러운 성장 과정임을 받아들이기 시작했다.

이어서 보건교사와 협업하여 몸과 마음의 변화를 구체적으로 탐색했다. 학생들은 신체 관찰 변화표를 작성하고 지난 5년간 키와 몸무게를 통한 성장 변화를 그래프로 표현했다. 또한 사춘기에 일어나는 남녀 신체 발달의 차이를 이해하고 사춘기가 모든 사람들에게 똑같이 일어나는 것이

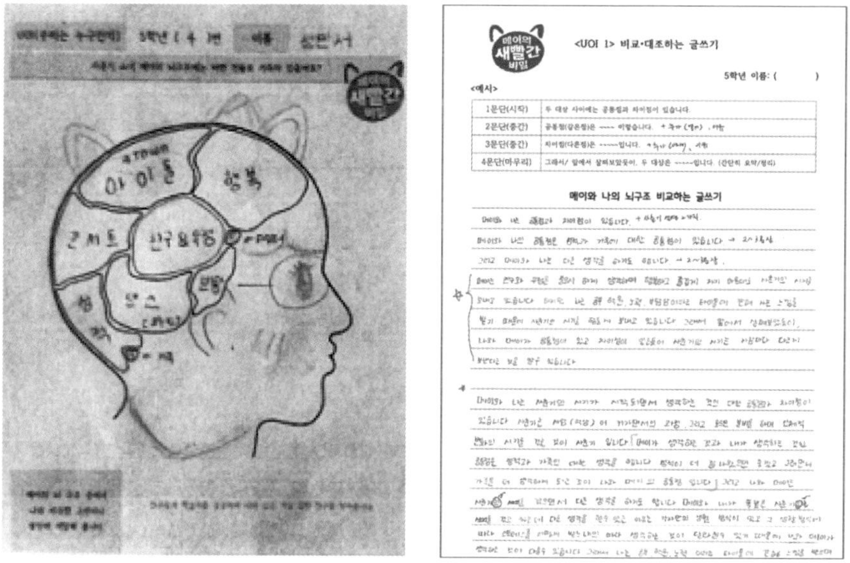

그림 9.2 메이와 나를 비교하기 학습지

아님을 이해하게 되었다. 또한 정서적으로 겪는 변화를 탐구하는 과정에서 자신이 하루동안 겪는 감정을 구체적으로 탐구하고 이러한 감정의 변화의 원인을 찾는 활동을 통해 "피곤하면 짜증이 나요.", "친구와 다투면 혼자 있고 싶어요."와 같은 사례를 정리하면서 감정의 기복이 성장 과정에서 이루어지는 하나의 자연스러운 현상임을 이해했다.

이러한 탐색하기 활동에서의 결과들을 가지고 연결하기 단계에서는 학생들이 신체적·정서적 변화를 부정적으로 받아들이기보다, 자기 성장을 이해하는 긍정적 시각을 가질 수 있도록 의도하였다. 교사는 "사춘기에는 어떤 변화가 일어날까?"라는 질문을 다시 던지며, 변화라는 개념적 렌즈를 통해 사춘기에 대한 이해를 개념적으로 정리했다. 학생들은 다양한 신체적·정서적 변화의 예를 통해 "사춘기에는 신체적·정신적 변화가 일어나는 시기이며, 이러한 변화는 나를 더 잘 이해하게 하는 성장의 과정이다."라는 개념적 이해에 도달하였다.

LOI 2: 탐색하기-연결하기

명시된 개념	탐구 주제 목록		탐구 질문
인과관계	LOI 2	또래 관계가 웰빙에 미치는 영향	또래 관계는 나의 행복과 웰빙에 어떤 영향을 미칠까?

LOI 2에서는 또래 관계가 개인의 행복과 웰빙에 어떤 영향을 미치는가를 중심으로 탐구했다. 탐구의 시작에서 영화 『원더』를 함께 감상하며 이야기의 인물과 상황 속으로 들어갔다. 『원더』는 선천적 안면기형을 가진 소년 어기가 학교 생활을 시작하면서 친구들의 편견과 따돌림을 극복하고 진정한 우정을 찾아가는 이야기다.

학생들은 영화를 보는 동안 어기의 불안한 눈빛과 친구들의 태도 변화에 깊이 공감했다. 감상 직후 "학교 첫날 어기의 마음은 어땠을까?", "내가 어기의 친구라면 어떤 말을 해 줄 수 있을까?"와 같은 질문에 대한 토의가 이어졌다. 어떤 학생은 "어기는 매일 아침에 학교 가는 길이 무서웠을 것 같아요", 라고 했고, 또 다른 학생은 "나는 어기의 옆자리에 앉아서 그냥 조용히 미소지으며 응원해주고 싶어요."라고 말했다. 이런 대화를 통해 학생들은 낯선 환경에서 느끼는 불안과 친구의 격려가 갖는 의미를 이해하였다.

또한 영화 속 주요 인물인 비아, 잭, 미란다의 시점에서 일어난 사건들을 정리하고, 이야기를 통해 친구 관계의 갈등과 회복, 그리고 서로 다른 외모나 배경을 가진 친구를 대하는 태도를 탐구하였다. 예를 들어, "나와 생김새가 다른 친구를 만나면 나는 어떻게 행동할까?"라는 질문을 스스로에게 던지며 다양성을 존중하는 태도를 고민했고, "잭과 어기의 사이는 왜 멀어졌을까?"라는 질문을 통해 말과 행동이 관계에 미치는 영향을 구체적으로 탐구하였다.

연결하기 단계에서는 탐색하기 단계에서의 활동을 바탕으로 학생들은 또래 관계가 자신의 웰빙에 어떤 영향을 미치는지 구체적으로 확인하고 건강한 관계의 조건을 함께 정리하였다. 학생들은 '서로의 다름을 인정하기', '말하기 전에 한 번 더 생각하기', '불편한 감정은 솔직하게 표현하기' 등을 직접 써 내려갔다. 교사는 이를 ATL 대인관계 기능과 연결하며, 친구와의 관계 속에서 웰빙을 유지하는 실질적인 방법으로, 앞으로 친구 관계에서 어떤 태도를 지녀야 할지를 스스로 점검하는 기회를 가졌다.

탐구 후반에는 "왜 좋은 관계는 나의 웰빙에 영향을 줄까?"라는 질문을 중심으로 짧은 글쓰기를 진행하였다. 학생들은 "좋은 친구가 있으면 하루가 가볍다.", "누군가 나를 이해해 준다는 것만으로 마음이 안정된다."와 같은 문장을 남기며, 행복과 관계의 인과관계를 스스로 언어화했다. 이 과정을 통해 학생들은 '또래 관계는 개인의 정서적 안정감과 웰빙에 깊은 영향을 준다'는 개념적 이해에 도달했으며, 인간 관계 속에서 자신이 어떤 역할을 할 수 있는지 구체적으로 성찰하게 되었다.

LOI 3: 탐색하기-연결하기

명시된 개념	탐구 주제 목록		탐구 질문
기능	LOI 3	자아 정체성의 역할	나를 이해하는 것은 왜 중요할까?

LOI 3에서는 사춘기의 경험이 개인의 자아 정체성 형성에 어떤 관련이 있는지를 탐구하였다. 학생들은 먼저 '나를 찾아서', '나 알아보기' 활동지를 활용하여 자신을 표현하는 단어를 떠올렸다. "나는 책임감 있는 사람이다", "나는 친구를 잘 도와주는 사람이다", "나는 혼자 있는 걸 좋아한다" 등 자신이 중요하게 생각하는 특성을 정리하고, 친구들이 바라본 자

신의 모습과 비교하였다.

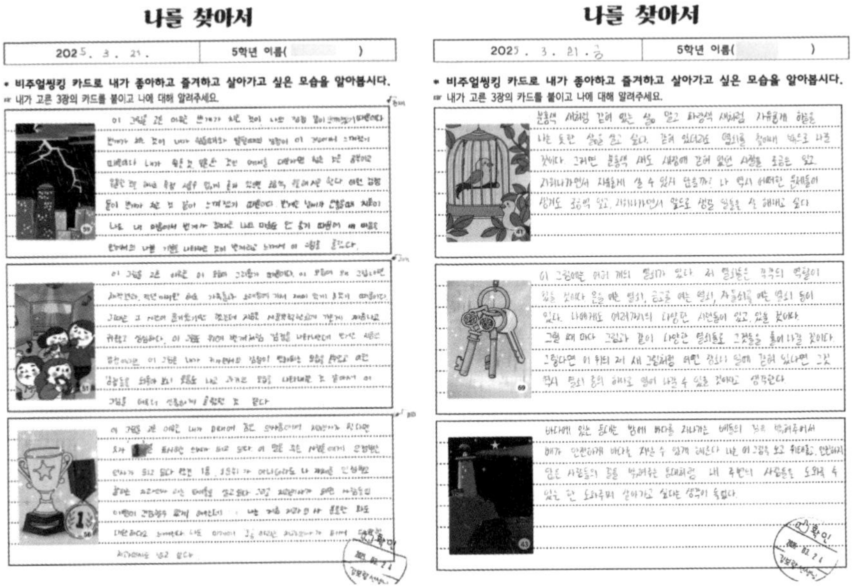
나를 찾아서

2025. 3. 21.	5학년 이름( )

• 비주얼씽킹 카드로 내가 좋아하고 즐겨하고 살아가고 싶은 모습을 알아봅시다.
☞ 내가 고른 3장의 카드를 붙이고 나에 대해 알려주세요.

나를 찾아서

2025. 3. 21.	5학년 이름( )

• 비주얼씽킹 카드로 내가 좋아하고 즐겨하고 살아가고 싶은 모습을 알아봅시다.
☞ 내가 고른 3장의 카드를 붙이고 나에 대해 알려주세요.

그림 9.3 ATL 시간 수업 예시 - 나를 찾아서 학습지

활동이 진행될수록 학생들은 자신을 객관적으로 바라보려는 시도를 시작했다. 교사는 "우리가 보는 나와 친구들이 보는 나는 같을까?"라는 질문을 던지며 사고를 확장시켰다. 이어 '친구가 보는 나' 인터뷰 활동을 통해 서로의 특성을 찾아보는 시간을 가졌다. 이 과정에서 한 학생은 자신을 '조용한 사람'이라 여겼지만 친구들은 '리더십 있는 사람'으로 바라보았고, 또 다른 학생은 자신을 '책임감 있는 사람'이라고 생각했으나 친구들은 '창의적인 사람'으로 평가하였다. 이러한 차이를 발견한 학생들은 놀라움과 동시에 새로운 통찰을 얻었다. "내가 생각한 나와 친구들이 본 내가 다르다는 게 신기해요", "친구들이 내 장점을 더 잘 알아주는 것 같아요"와 같은 반응이 이어졌다. 교사는 이 과정을 통해 자기 이해가 단순히 자기 인식의 차원을 넘어, 타인의 시각 속에서 자신을 새롭게 발견하는 과정

임을 확인하였다.

다음 활동으로는 '나의 가치 단어 카드 만들기'가 진행되었다. 학생들은 자신이 중요하게 여기는 가치를 떠올리고, 그것이 삶의 어떤 선택과 행동으로 나타나는지를 연결해 보았다. "정직함은 친구와의 신뢰를 지켜주는 거예요", "도전은 내가 성장하는 방법이에요" 같은 문장들이 등장하면서, 자신을 이해하는 것이 곧 자신의 행동과 선택을 결정짓는 기능임을 자연스럽게 깨닫게 되었다.

연결하기 단계에서 교사는 "자신을 이해하는 것은 왜 중요할까?"라는 질문을 다시 던지며 학생들의 생각을 정리하도록 했다. 학생들은 "나는 왜 자신감을 갖고 싶을까?", "앞으로 어떤 특성을 더 발전시키고 싶은가?"와 같은 질문을 통해 "내가 어떤 사람인지 알아야 친구를 잘 사귈 수 있어요", "나를 이해하면 감정을 조절하기 쉬워요", "앞으로 어떤 사람이 되고 싶은지 방향이 생겨요" 등으로 답했다. 이를 통해 자신을 이해하는 것은 자신의 강점과 약점을 분명히 하고, 타인과의 관계에서 더 나은 선택을 하며, 미래의 삶의 방향을 설정하는 중요한 기능임을 깨닫게 되었다. 즉, 사춘기의 경험은 자신을 이해하고 정체성을 형성해 가는 데 필수적인 출발점임을 탐구 결과로 확인할 수 있었다.

단원 마무리 ①: 실천하기

이 단원의 마지막 단계인 실천하기 활동에서는 학생들이 남학생 연준이와 여학생 혜인의 일기를 읽고, 두 아이의 고민에 대해 조언하는 편지를 썼다. 학생들은 이전의 세 가지 LOI 경험을 바탕으로 자신이 이해한 내용을 실제 상황에 적용해 보았다.

연준이는 자기 모습이 이상해진 것 같아 혼란스러워했고, 혜인이는 외모와 기분 변화로 인해 친구 관계가 어색해진다고 털어놓았다. 이후 학생들은 교사가 제공한 편지 쓰기 틀을 활용하여 두 아이에게 편지를 썼다.

영화 『메이의 새빨간 비밀』 감상 활동에서 배운 감정 변화의 보편성은, "갑자기 키가 크거나 기분이 오락가락하는 것은 누구나 겪는 자연스러운 과정이니 걱정하지 말라"는 조언으로 이어졌으며, 『원더』를 통해 탐구한 또래 관계의 의미는, "네 마음을 이해해 주는 진짜 친구를 찾는 것이 중요하다"는 응원의 말로 담겼다. '나를 찾아서' 카드 활동과 '내가 보는 나, 친구가 보는 나' 활동에서 성찰한 자아 정체성은, "네가 누구인지 찾아가는 과정이 바로 사춘기다"라는 메시지로 정리되었다. 이후 완성된 편지를 학생들이 자주 다니는 복도 게시판에 게시하여 편지글을 읽는 친구들로부터 다양한 피드백을 받기도 하였다.

단원 마무리 ②: 성찰하기

UOI의 마지막 단계에서는 '에베레스트 성찰' 활동을 통해 학생들이

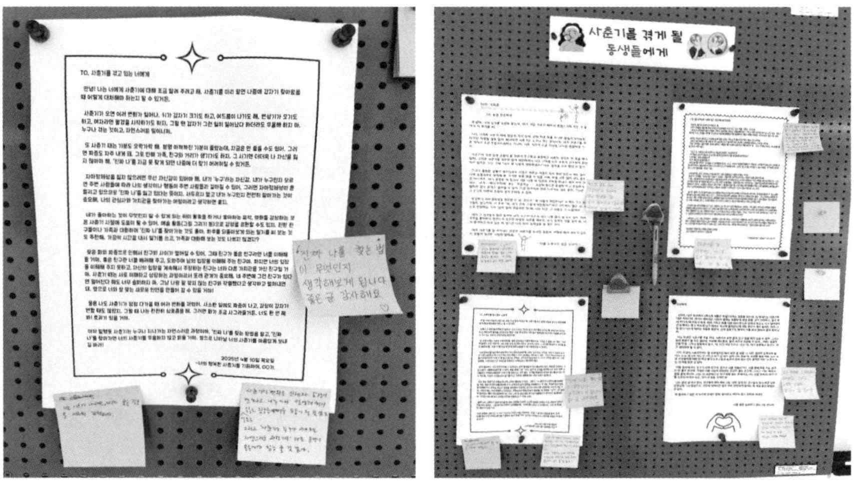

그림 9.4 복도에 게시된 편지 그림 및 피드백

지금까지의 배움 과정을 시각적으로 정리하고, 자기 성장을 되돌아보는 시간을 가졌다. 학생들은 탐구의 시작점에서부터 각 LOI를 거쳐 총괄평가 활동에 이르기까지의 여정을 하나의 산 그림으로 표현하며, 자신이 어디에서 가장 도전했는지, 무엇이 성장을 이끌었는지 직접 설명했다.

여러 학생들이 편지 쓰기 활동을 가장 인상 깊게 꼽았다.

> "동생에게 편지를 쓸 때, 내가 겪었던 사춘기 경험을 솔직히 떠올릴 수 있었다."
> "내가 배운 것을 글로 정리하면서 나도 누군가를 도울 수 있다는 자신감이 생겼다."

또 다른 학생들은 탐구의 각 단계에서 깨달은 점을 이렇게 기록했다.

> "친구와의 갈등이 단순히 기분 문제가 아니라, 내가 나를 어떻게 바라보는지와도 관련이 있다는 것을 알았다."
> "진짜 친구는 나를 이해해 주는 친구라는 것을 알게 되었다."
> "몸에 대해 배우면서 재미있었고, 또래 관계가 내 생활에 얼마나 영향을 주는지도 알게 됐다."

학생들이 그린 '성찰의 산'에는 영화 『메이의 새빨간 비밀』,『원더』를 보며 만든 질문들, 친구와 함께 쓴 조언 편지, 그리고 실천 활동을 거치며 얻게 된 자신감이 곳곳에 담겨 있었다. 어떤 학생은 "목표를 정하고 스스로 도전하며 끝까지 해냈다"고, 또 다른 학생은 "처음에는 부끄럽고 두려웠지만 배운 것을 행동으로 옮겨 보니 성취감이 컸다"고 표현했다.

학생들의 성찰은 가정으로도 이어졌다. 교사는 학생들이 정리한 배움의 내용을 가정 통지표로 작성해 학부모에게 전달했고, 이를 계기로 가정에서 사춘기와 성장에 대한 대화가 자연스럽게 이루어졌다. 학부모들의 반응은 고무적이었다.

"아이의 성장을 이렇게 그림으로 보니 정말 뿌듯하다"

"사춘기에 대해 미리 걱정하기보다, 배운 것을 바탕으로 스스로 조절하고 친구와의 관계에서 존중을 실천하겠다고 말해주어 기뻤다."

"이번 단원을 통해 아이가 자신의 변화를 긍정적으로 받아들이고, 자신을 더 잘 이해하게 된 것 같다."

어떤 학부모는 "영화를 보고 글을 쓰며 사춘기의 변화를 자연스럽게 이야기할 수 있는 기회가 된 것 같다"며, 배운 내용을 가족의 대화 속에서 이어가고 싶다는 바람을 남기기도 했다.

이처럼 성찰 단계는 학생들이 자신의 배움을 단순히 정리하는 데 그치지 않고, 그것을 삶 속에서 실천할 의미로 전환하는 출발점이 되었다. 학생들은 사춘기를 더 이상 혼란스러운 시기로만 보지 않고, 자신을 이해하고 관계를 성숙하게 만들어가는 성장의 여정으로 바라보게 되었다.

☆ 학습 접근 방법

학습접근방법	내 용	자기평가		
사고 기술	☑ 나는 영화를 보고 주인공과 나를 비교하여 유사점 및 차이점을 찾을 수 있습니다. ☑ 나는 사춘기의 변화를 나의 상황과 연결하여 생각할 수 있습니다. ☑ 나는 나의 장점과 개선해야 할 부분을 파악할 수 있습니다.	확장	발달	시작
자기관리 기술	☑ 나는 내적, 외적으로 산만한 마음 상태에서도 마음을 차분히 정리할 수 있습니다. ☑ 나는 어떤 장애물이나 도전에 직면했을 때 끈기있게 해결하려고 합니다. ☑ 나는 내가 무엇을 해야 하는지 알고, 주도적으로 움직입니다.	확장	발달	시작
대인관계 기술	☑ 나는 나의 감정, 생각, 행동을 조절할 수 있습니다. ☑ 나는 열린 마음을 가지고 있으며, 존중의 실천을 통해 다름을 인정하고 이해합니다. ☑ 나는 다른 사람들이 갈등을 겪고 있을 때 중재자 역할을 할 수 있습니다.	확장	발달	시작

☆ 학습자상

이번 탐구 단원에서 추구하는 학습자상을 어떻게 실천했는지 스스로 평가해 봅시다.		자기평가		
성찰하는 사람	☑ 나는 자기 생각, 경험, 주변의 세상에 대해 깊게 생각합니다. ☑ 나는 나의 강점과 약점을 이해하여 학습과 성장에 도움이 되도록 노력합니다.	확장	발달	시작
균형잡힌 사람	☑ 나는 지적, 물리적, 정서적 균형을 이루는 것이 중요하다는 것을 이해합니다. ☑ 나는 우리가 살아가는 세상은 서로 연결되어 있음을 알고 있습니다.	확장	발달	시작
소통하는 사람	☑ 나는 다양한 방법으로 창의적이고 자신 있게 나 자신을 표현합니다. ☑ 나는 다른 친구들과 모둠의 의견을 경청하며 효과적으로 협력합니다.	확장	발달	시작

탐구 단원 성찰 ♥ 여러분의 탐구 활동 과정을 '성찰 에베레스트 산'으로 표현하고, 부모님께 설명해 드립니다.

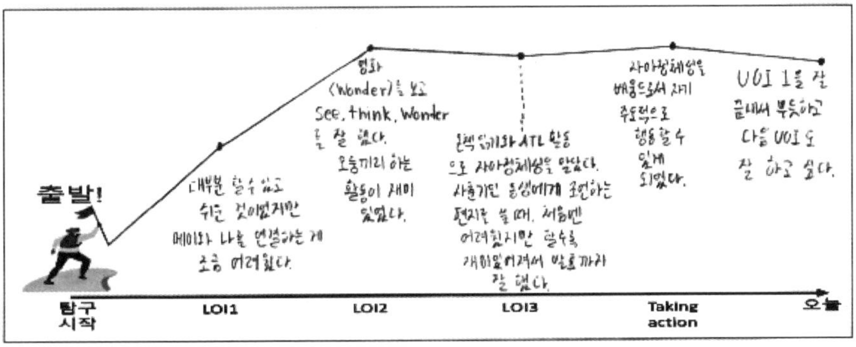

학부모 의견 ♥ 자녀들과 '성찰 에베레스트 산'을 보면서 이렇게 이야기 나눠 주세요.

① 이번 탐구 단원에서 가장 기억에 남는 활동은 무엇이고, 그 이유는 무엇이니?

② 이번 탐구 단원에서 배운 내용을 어떻게 실천하면 좋을까? 같이 계획을 세워볼까?

①사춘기인 동생한테 편지 쓸 때.
②우선 목표를 정해서 스스로 순서를 정하고 그 목표를 향해 노력할 것.

그림 9.5 학생 성찰 및 학부모 의견

10장 IB PYP 발표회 수업

01 IB PYP 발표회란?

IB PYP에서 발표회는 흔히 'PYP의 꽃'이라 불린다. 꽃이 피기 위해 뿌리와 줄기, 잎이 함께 자라야 하듯, 발표회는 1학년부터 축적된 탐구 경험이 6학년 때 하나의 꽃으로 피어나는 순간이다.

발표회는 교사가 주제를 정하고 지식을 전달하는 방식에서 벗어나, 학생이 주도적으로 질문을 만들고 탐구 방법을 선택하며, 결과를 실제 행동으로 드러내는 개방형 탐구로 주로 이루어진다. 1학년에서 익힌 탐구 경험을 바탕으로 점차 자율성을 넓혀온 학생들은 발표회에서 자기 목소리와 선택을 중심에 두고 학습을 이끈다. 이를 통해 학습자는 "나는 어떤 주제에 관심이 있지?", "내가 알고자 하는 것이 세상과 어떻게 연결될까?", "내가 할 수 있는 일은 무엇일까?"와 같은 질문을 탐구하게 된다.

그림 10.1 발표회 모습

발표회는 IB PYP에서 강조하는 여러 과목을 하나로 잇는 배움, 즉 초학문적 학습을 가장 잘 보여 준다. 학생들은 국어, 사회, 과학, 미술, 음악 등 다양한 교과의 성취기준과 배움을 하나의 주제 안에서 연결하고, 이를 실제 문제 해결과 연결한다. 예를 들어, 어떤 학생은 "왜 제주어가 사라지고 있을까?"라는 질문을 품고 지역 전문가를 인터뷰한 뒤, 제주어 교육 자료를 제작해 학교와 지역사회에 보급하였다. 또 다른 학생은 "제비는 왜 우리 학교에 올까?"라는 질문에 대해 탐구하면서 학교 안에 제비 보호 구역을 제안했다. 이런 경험은 학생이 학습한 개념적 이해가 구체적인 실천으로 이어지는 모습을 보여 준다.

발표회에서 중요한 것은 결과가 아니라 과정을 통해 배우는 것이다. 학생들은 탐구 중 겪은 어려움과 성취를 돌아보며, 그 안에서 키운 기능과 태도를 통해 학습자상을 드러낸다.

> "처음엔 제비에 대해 아무것도 몰랐는데, 탐구하면서 정말 많은 걸 배웠어요. 가장 어려웠던 건 전문가 선생님께 인터뷰 요청하는 거였는데, 용기 내서 해 보니까 생각보다 친절하게 도와주셔서 너무 기뻤어요."
>
> "발표회를 하면서 가장 힘들었던 순간은 서로 의견이 안 맞을 때였어요. 처음엔 서로 자기의 생각이 옳다고 우기면서 언쟁을 벌이기도 했는데, 나중에는 서로 다른 생각이 오히려 더 좋은 아이디어를 만들어 준다는 걸 알았어요."
>
> "발표회 준비 중 제일 뿌듯했던 순간은 우리가 만든 캠페인 포스터를 보고 다른 반 친구들이 '나도 환경을 보호해야겠다'라고 말했을 때였어요. 내 탐구가 정말 다른 사람에게 영향을 줄 수 있구나 싶었어요."

이런 성찰은 학생이 자신을 배움의 주인으로 바라보게 하며, 자기효능감, 즉 "나는 해낼 수 있다"는 믿음과 도전할 용기를 길러 준다.

발표회는 담임교사 혼자 준비하는 행사가 아니다. 담임교사는 학생과 함께 전체 과정을 설계하고 안내하며, 멘토 교사는 학생이 선택한 주제와 관련된 지식과 경험을 나눠 탐구가 더 깊어지도록 돕는다.

학부모와 지역사회도 학생의 목소리를 넓혀 주는 파트너가 된다. 지역 전문가와의 만남, 가족과의 대화, 공동체를 향한 캠페인 같은 활동은 학생의 탐구가 현실과 이어지는 소중한 계기가 된다.

즉 발표회는 한 학년의 행사가 아니라 학교 전체가 함께 만드는 배움의 문화이다. 1학년에서부터 쌓아온 작은 탐구 경험들이 6학년 발표회에서 하나의 흐름으로 모여, 학생 개개인의 성장과 함께 학교가 지향해 온 교육의 방향과 철학을 보여 준다. 그래서 발표회는 학생에게는 PYP의 졸업식이자, 교사와 학교 공동체에게는 함께 걸어온 배움의 여정을 축하하는 자리이다.

02 발표회 준비 과정

발표회는 하루의 행사가 아니라, 최소 6~8주 이상 이어지는 학습 여정이다.▶표 10.1 학교마다 기간과 세부 일정은 조금씩 다르지만, 일반적으로 아래와 같은 흐름을 따른다.

1단계 오리엔테이션

발표회 준비의 첫 주는 학생들이 탐구의 큰 그림을 이해하도록 돕는 것이 핵심이다. 교사는 발표회의 개요와 일정을 소개하고, 이전 학년의 우수 사례나 활동 영상을 보여 준다. 또한 명시적 개념, ATL, 학습자상과 같은 주요 요소들을 학생 눈높이에 맞게 풀어 설명해, 이후 과정에서 스스로 연

표 10.1 발표회 준비의 전형적 일정

단계	기간	과정	목표
1	1주차	오리엔테이션	• 발표회의 의미와 목적 이해 • 탐구학습에 대한 동기 부여 • IB 교육 철학과의 연계성 인식
2	2~3주차	주제 선정과 질문 다듬기	• 개인 관심사를 바탕으로 한 탐구 주제 확정 • 탐구 질문의 층위별 구성 • 주제의 사회적 의미와 개념적 깊이 확보
3	3~5주차	조사와 탐구	• 다양한 자료를 통한 탐구 실행 • ATL 기능의 실제적 적용 • 협력적 탐구 역량 개발
4	5~6주차	실천하기	• 탐구 결과를 바탕으로 한 실천 활동 기획 • 사회 참여 및 변화 창출 경험 • 실천적 학습자로서의 성장
5	6~7주차	발표 준비와 공유	• 탐구 과정의 체계적 정리 및 시각화 • 효과적인 의사소통 역량 개발 • 발표 완성도 제고
6	7~8주차	발표회 실행	• 학습 여정의 공개적 공유 • 학습 공동체와의 소통 및 상호작용 • 성취감 및 자신감 획득
7	발표회 이후	성찰과 마무리	• 전체 학습 과정에 대한 종합적 성찰 • 개인 성장 및 역량 발달 확인 • 지속적 학습으로의 연계

결할 수 있도록 안내한다.

학생들은 설명과 영상 자료를 통해 발표회의 성격을 이해하고, 지금까지의 탐구 경험을 돌아보며 자신이 궁금한 점이나 관심 있는 주제를 기록한다. 친구들과 대화를 나누면서 탐구 아이디어를 더 넓힐 수도 있다.

때로는 졸업생을 초대해 실제 경험담을 듣기도 하는데, 선배의 이야기는 후배들에게 강한 동기를 부여한다. 한 졸업생은 "처음에는 의견 충돌 때문에 힘들었지만, 서로 다른 생각을 모으면서 훨씬 좋은 결과를 낼

그림 10.2 졸업생과 함께하는 발표회 경험 나누기

수 있었다"라고 말했고, 이런 사례는 학생들에게 협력의 가치를 자연스럽게 알려 준다.

교사는 이 과정에서 발표회가 시험이나 평가를 위한 것이 아니라, 과정 중심의 배움임을 강조해야 하며, 또 학생의 관심을 파악할 때에는 단순 설문에 그치지 말고, 대화나 짧은 인터뷰를 통해 진짜 흥미를 끌어내도록 돕는 것이 좋다.

2단계 주제 선정과 질문 다듬기

발표회의 두 번째 단계는 학생들이 자신의 관심사를 탐구 주제로 발전시키는 과정이다. 교사는 브레인스토밍 시간을 마련해 학생들이 자유롭게 아이디어를 떠올리도록 한 뒤, 그 과정에서 나온 주제를 함께 검토한다. 이때 교사는 학생이 고른 주제가 현재 자신이 속한 사회와 시대의 맥락 속에서, 더 깊은 개념적 의미로 확장될 수 있도록 길을 비춰 주는 사람이다.

교사는 개별 상담을 통해 학생이 왜 그 주제에 관심을 가지게 되었는지 이야기를 듣고, 질문을 사실적, 개념적, 논쟁적 질문으로 발전시킬 수 있도록 유도한다. 또한 모둠 구성을 할 때 단순히 친한 친구끼리 모이도록 두기보다는 관심사 기반 협력이 이루어지도록 조율하며, 필요하다면 다른 교과 교사(멘토)와 연결해 전문성을 더할 수 있도록 한다.

학생들은 이 과정에서 주제를 좁혀 가고, 구체적인 질문을 구성한다. 예를 들어 "저는 합기도가 좋아요"라는 단순한 관심에서 출발한 학생은 교사의 추가 질문을 통해 "합기도를 배우는 것이 개인의 웰빙에 어떤 영향을 미칠까?", "합기도 정신은 사회적 갈등 해결에 어떤 도움을 줄 수 있을까?"와 같은 탐구 질문으로 발전시킬 수 있게 된다.

교사는 학생의 흥미를 존중하되 단순한 취미에 머물지 않도록 사회적 의미와 연결되도록 안내해야 한다. 질문을 교사가 대신 고쳐 주는 것은 바람직하지 않으며, 보조 질문을 던져 학생 스스로 발전시킬 수 있도록 해야 한다. 모둠 구성에서도 학생들의 강점과 협력적 기술을 고려해 균형 있게 배치하는 것이 중요하다.

3단계 조사와 탐구

학생들은 온라인과 오프라인을 넘나들며 자료를 수집하고 분석한다. 또한 전문가에게 간단한 질문을 하거나, 관련 장소를 찾아가 관찰하며 탐구의 폭을 넓힌다. 교사는 이 단계에서 학생들이 찾은 자료의 출처가 믿을 만한지 살펴보도록 지도하고, 전문가와 연결하거나 현장 조사 기회를 마련해 준다. 또 모둠별 진행 상황을 점검하고 피드백을 주며, 학생들이 협력적으로 탐구할 수 있도록 돕는다.

학생들은 모둠 안에서 정보를 공유하고 종합하면서, 탐구 과정을 일지로 기록하고 돌아본다. 예를 들어 제비 탐구 모둠은 오랫동안 제비집을 관찰하고 제비의 이동을 연구한 전문가를 인터뷰하며, 제비가 사는 환경과 이동 경로에 대해 물었다. 또한 제비의 이동에 영향을 주는 요소와 그 변화가 어떻게 나타나는지도 배웠다.

처음에는 인터넷 자료 외에 어떤 방법을 사용하여 조사를 해야할지 어려워 하지만, 다양한 조사 방법과 특성을 이해하면서 자신에게 맞는 방법을 찾아 탐구를 진행하게 된다. 이때 교사는 학생들이 인터넷 자료에만 의존하지 않도록 다양한 자료를 활용할 수 있도록 이끌어야 한다. 또 특정 학생이 모든 일을 주도하거나, 반대로 탐구에 참여하지 않은 학생이 생기지 않게 역할 분담과 협력 과정을 꾸준히 살펴봐야 한다.

4단계 실천하기

4단계에서 교사는 학생들이 세운 실천 계획이 실현 가능하고 안전한 방식으로 진행될 수 있도록 살핀다. 필요하다면 지역 사회 기관이나 전문가와 연결해 지원한다. 학생 주도성을 존중하되 규모가 지나치게 크거나 비현실적인 활동은 조율하여 지속 가능한 실천으로 이어지게 하는 것이 중요하다.

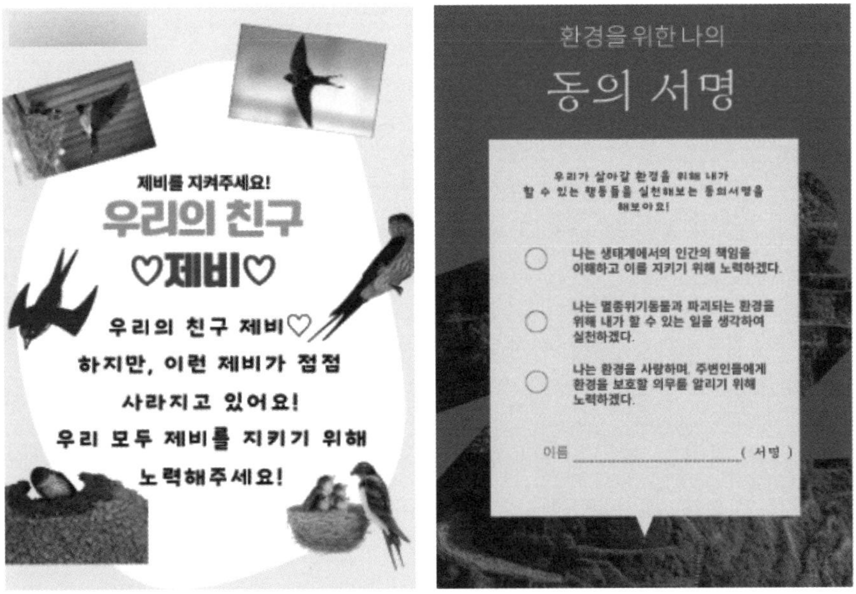

그림 10.3 제비 보호 포스터 및 환경을 위한 실천 서명 받기

제주어 탐구 모둠은 "왜 제주어가 점점 사라질까?"라는 질문에서 출발해 지역 전문가를 인터뷰한 뒤, 어린이를 대상으로 한 제주어 안내 포스터를 제작했다. 이 포스터는 학교 곳곳에 게시되어 학생들이 자연스럽게 제주어를 접하고 이해할 수 있는 기회를 제공했다. 제비 탐구 모둠은 "왜 제비는 우리 학교에 오는 걸까?"라는 질문을 통해 제비의 생태적 의미를 조사하고, 제비 보호 캠페인을 전개했다. 학생들은 홍보물을 제작해 전교생에게 알리고, 제비 보호에 동참하는 서명을 받아내며 실제 행동으로 이어지게 했다.

교사는 실천이 보여 주기로 끝나지 않고 탐구와 연결된 의미를 지닐 수 있도록 안내해야 하며, 작은 행동이라도 충분히 의미가 있음을 학생들이 깨닫게 해야 한다. 지역사회 협력은 학생 아이디어를 확장하는 지원의 역할에 머물러야 하고, 학생 주도성을 대신하지 않도록 주의해야 한다.

5단계 발표 준비와 공유

교사는 이 단계에서 발표 형식과 구성 요소를 안내하고, 학생들이 발표 과정을 점검할 수 있도록 예행연습과 피드백 기회를 마련해야 한다. 학생들이 결과물 꾸미기에만 몰두하지 않고, 탐구 과정을 중심에 두도록 계속 안내하는 것도 중요한 역할이다.

학생들은 탐구 과정을 돌아보며 전시 자료와 발표 자료를 제작한다. 제주어 탐구 모둠은 자신들이 만든 학습 자료와 인터뷰 기록을 전시하고, 발표 자리에서는 직접 미니 수업을 시연했다. 예행연습에서 동료들이 "왜 제주어를 지켜야 하는지 이유가 더 필요하다"고 피드백하자, 역사와 문화적 맥락을 보강해 발표 내용을 수정했다.

제비 탐구 모둠은 탐구 과정을 정리한 파워포인트 자료와 포스터, 제안서를 준비했다. 처음에는 포스터 디자인에 치중했지만, 예행연습에서

"탐구 과정을 더 강조해야 한다"는 피드백을 듣고 생태적 의미와 캠페인 과정을 추가했다.

교사는 예행연습에서 긍정적이고 건설적인 피드백이 오갈 수 있도록 구체적 기준을 제시하고, 발표 자료가 학생들의 배움을 투명하게 보여 주는 도구가 되도록 지도해야 한다.

6단계 발표회 실행

발표회 당일, 교사는 전체 진행을 조율하고, 학부모와 지역사회 인사들의 참석을 안내한다. 또 발표 시간과 질의응답을 조율하고, 발표회 분위기를 따뜻하게 이끌어 학생들이 긴장을 덜고 자신감을 가질 수 있도록 돕는다. 발표 중 생길 수 있는 상황은 간단히 기록해 두면 이후 성찰 자료로 활용할 수 있다.

학생들은 자신의 목소리로 발표를 진행하며, 다른 모둠의 발표를 경

그림 10.4 탐구를 발표하는 모습

청하고 피드백을 주고받는다. 질의응답을 통해 스스로의 생각을 더 깊이 다듬기도 한다.

제비 캠페인을 진행한 학생들은 발표회 당일 전교생과 학부모 앞에서 캠페인 과정을 설명하고, 현장에서 제비 보호 서명지를 나누어 주었다. 발표 직후 친구들과 학부모들이 서명에 동참하는 모습을 보며 자신들의 작은 실천이 실제 변화를 만들어낼 수 있다는 자신감을 얻었다.

제주어 탐구 모둠은 직접 제작한 제주어 포스터를 전시하고, 미니 수업을 통해 관객에게 제주어 단어를 가르쳤다. 학부모들이 발표 후 자녀와 함께 제주어 단어를 따라 읽으며 흥미를 보이는 모습은 학생들에게 큰 보람을 안겨주었다.

발표회 실행 단계에서 교사는 학생들이 결과에 대한 압박보다 과정을 공유하는 데 집중할 수 있도록 분위기를 조성해야 한다. 또 모든 학생이 무대에서 자신의 목소리를 낼 수 있도록 기회를 균등하게 보장한다. 또한 관객이 단순히 지켜보는 역할에 머무르지 않고, 질문하기·피드백 카드 쓰기·느낀 점 나누기 등 상호 소통 활동을 통해 학습 공동체의 일원으로 참여할 수 있도록 안내한다.

7단계 성찰과 마무리(발표회 이후)

발표회가 끝난 뒤, 교사는 학생과 개별 면담을 진행하며 탐구 과정을 함께 돌아보고 포트폴리오를 살펴 피드백을 준다. 또 학습 성과를 정리하고, 다음 학년의 학습과 어떻게 연결할 수 있을지 함께 고민한다. 교사 스스로도 발표회 운영을 되돌아보며 성찰하고, 학교 차원에서 개선할 점을 논의한다.

학생들은 자신이 어떤 개념적 이해를 더 깊이 이해했는지, 어떤 ATL 기능을 발휘했는지를 스스로 평가한다. 동료나 교사로부터 받은 피드백을 정리하며, 앞으로 어떤 점을 더 발전시켜야 할지 계획을 세운다.

예를 들어, 제주어 탐구 모둠은 "우리가 만든 포스터가 실제로 친구들에게 읽히고 이야기되었다는 점에서, 작은 행동이 문화 보존으로 이어질 수 있다는 가능성을 배웠다"고 기록했다. 제비 탐구 모둠은 "처음에는 단순히 제비가 신기했는데, 탐구를 통해 생태와 환경 보호까지 연결할 수 있었다"며 성찰했고, 이후 학교 환경 동아리에 참여하겠다는 목표를 세웠다.

교사는 이 단계에서 학생들이 실천의 크기와 관계없이, 배움을 삶과 연결한 경험 자체를 소중히 여기도록 안내해야 한다. 발표회는 끝이 아니라 새로운 학습의 출발점이라는 점을 강조하고, 학생이 스스로 세운 다음 계획을 존중하며 격려하는 것이 중요하다.

03 발표회에 참여하는 사람 및 역할

발표회는 학생과 담임교사만의 프로젝트가 아니라, 학교 전체와 지역사회가 함께 만드는 배움의 공동 작업이다. 각 주체는 서로 다른 방식으로 참여하고 지원하지만, 모두가 학생의 배움과 성장을 돕는 중요한 동반자다.

무엇보다 발표회의 주체이자 중심은 학생이다. 학생들은 주제 선정에서부터 탐구, 실천, 발표, 성찰에 이르기까지 전 과정을 주도한다.

담임교사는 학생과 함께 전체 흐름을 설계하고, 탐구가 이어지도록 질문을 던지며 평가와 성찰을 돕는다. 마치 등산길에서 앞장서 끌어 주는 것이 아니라, 옆에서 길을 비춰 주며 학생이 스스로 걸어갈 수 있도록 돕는 것과 같다.

멘토 교사는 학생이 선택한 주제와 관련된 전문성을 제공한다. 다른 교과나 학년 교사가 참여하여 탐구 질문을 함께 검토하거나 자료 수집과 실천 아이디어를 구체화하도록 돕는다. 예를 들어, 제주어 탐구 모둠은 제주어에 밝은 교사의 도움을 받아 포스터 내용을 구성하며, 제주어의 의미와 가치를 담아내는 방법을 배우며 제주어에 한 걸음 더 다가갈 수 있었다.

학교 리더십 팀(교장, 교감, 코디네이터 등)은 발표회가 학교 교육과정과 연결될 수 있도록 구조를 마련한다. 발표회 시간과 발표회가 진행될 공간의 확보 그리고 발표회를 준비하는 과정에서 필요한 인적 및 물적 자원을 확보하고, 교사 협력과 학부모·지역사회의 참여를 조율한다.

학부모도 중요한 역할을 한다. 자녀의 탐구 과정을 격려하며, 때로는 자료를 제공하거나 전문가와의 연결을 도와주기도 한다. 예를 들어 제주어를 발표하는 모둠은 제주어 강사로 활동하시는 학부모의 도움을 받아 제주어 수업을 참관하고 수업이 어떻게 이루어지는지 경험하였다. 또한 발표회 당일에는 관객으로 참여해 질문과 피드백을 제공함으로써 학생의 배움을 확장시키는 역할을 한다.

마지막으로 지역사회는 학생 탐구를 현실과 연결해주는 다리 역할을 한다. 전문가나 기관은 전문 지식과 현장 경험을 제공하고, 학생들의 실천 활동이 실제 변화를 만들어낼 수 있도록 협력한다. 제비 탐구 모둠은 지역 조류 전문가와의 만남을 통해 탐구의 깊이를 더했으며, 그 결과 캠페인 활동이 단순한 구호에 그치지 않고 실제 보호 활동으로 이어질 수 있었다.

이처럼 발표회는 학생, 교사, 학부모, 지역사회가 서로의 자리에서 책임과 역할을 나누며 만드는 배움의 축제다. 모든 참여는 단순한 지원을 넘어, 학생이 배움을 세상과 연결할 수 있도록 돕는 발판이 된다.

교사를 위한 발표회 준비 FAQ

현장 교사들이 가장 자주 묻는 질문을 통해 발표회를 어떻게 바라보고 준비해야 할지 함께 살펴보자.

- **발표회 주제는 학생이 자유롭게 정하게 하나요, 아니면 교사가 정해줘야 하나요?**
  처음 발표회를 준비할 때 가장 큰 고민 중 하나는 "학생에게 주제를 완전히 맡겨도 될까?"라는 점이다. PYP에서는 학생 주도성을 강조한다. 따라서 발표회 주제는 가능하면 학생이 스스로 정하는 것이 바람직하다. 다만, 학생이 선택한 주제가 흥미에서 그치지 않고 사회적 맥락이나 개념적 이해로 확장되도록 교사의 안내가 필요하다. 예를 들어, "제비가 신기해요"라는 관심에서 시작했더라도, 교사는 "왜 예전보다 제비가 줄어들었을까?"라는 식으로 탐구의 범위를 넓혀줄 수 있다. 즉, 주제의 출발점은 학생에게 두되, 교사는 주제를 교육과정과 연결해주는 조력자가 되어야 한다.

- **모둠은 어떻게 구성하는 것이 좋을까요?**
  발표회는 협력이 중요한 배움의 과정이다. 따라서 보통 2~4명 정도의 소규모 모둠이 적합하다. 학생의 관심사를 기준으로 모둠을 구성하면 주제 탐구가 더 깊어진다. 그러나 협력이 어렵거나 특정 학생에게만 부담이 쏠리는 경우를 방지하기 위해 조율도 필요하다. 어떤 학교는 "한 번도 함께해 보지 않은 친구와 팀을 이룬다"라는 원칙을 세우기도 한다. 반면, 친숙한 친구와 팀을 이루는 것이 협력에 도움이 되는 때도 있다. 중요한 것은 모둠의 크기나 방식보다, 학생이 서로의 강점을 살리고 협력적 기술을 발휘할 수 있도록 과정 중심의 지원을 하는 것이다.

- **탐구 질문이 너무 단순하거나 주제에서 벗어날 때는 어떻게 해야 하나요?**
  학생이 처음 만든 질문은 종종 지나치게 단순하거나 흥미 위주에 머물 때가 있다. 하지만 교사가 대신 바꿔주는 것은 바람직하지 않다. 대신, 심화 질문을 던져 학생이 스스로 질문을 발전시키도록 도울 수 있다. 예를 들어 "왜 쓰레기가 많을까?"라는 질문은 "쓰레기의 양은 우리의 생활 방식과 어떤 관련이 있을까?", "쓰레기 문제를 해결하기 위해 개인과 공동체는 무엇을 할 수 있을까?"로 발전시켜 점점 더 개념적이고 깊이 있는 탐구로 확장되게 도울 수 있다.

- **발표회 준비 과정에서 교사의 구체적인 역할은 무엇인가요?**
  많은 교사가 "발표회는 학생이 주도한다는데, 그렇다면 교사는 아무것도 하지 않아야 하나요?"라는 의문을 품는다. 이때 교사의 역할은 학생이 탐구를 이어갈 수 있도록 돕는 안내자이다. 교사는 학생이 만든 질문을 더 깊게 생각할 수 있도록 보조 질문을 던지고, 탐구가 벗어나지 않도록 구조를 설계하며, 탐구 방법을 안내한다. 또한, 자료 수집과 표현 방식에서 ATL 기능을 강조하여 학생이 스스로 배움의 방법을 익히도록 이끌어야 한다.

- **발표회 준비 시간은 어떻게 확보하면 좋을까요?**

  발표회는 짧은 행사 준비가 아니라, 학생들이 탐구·실천·발표·성찰의 전 과정을 차근차근 경험하도록 돕는 학습 여정이다. 이를 위해 학교는 정규 수업 시간뿐 아니라 창의적 체험활동, 동아리 시간, 방과후 프로젝트 시간 등을 조정해 탐구에 필요한 시간을 충분히 마련해야 한다. 일정이 빡빡하다면 매주 일정 시간을 고정해 탐구 전용 블록으로 운영하거나, 학기 중 특정 기간을 발표회 집중 주간으로 설정하는 방법도 좋다. 중요한 것은 학생들이 탐구 과정을 서두르지 않고, 주제 선정부터 실천·성찰까지 자연스럽게 이어 가도록 시간을 계획적으로 배분하는 것이다.

- **모든 교과를 발표회의 주제에 연결해야 하나요?**

  "발표회니까 모든 과목을 다 연결해야 하지 않을까요?"라는 질문도 자주 나온다. 그러나 억지로 모든 교과를 끌어올 필요는 없다. 중심 아이디어와 탐구 질문과 자연스럽게 연결되는 교과를 중심으로 통합하는 것이 바람직하다. 예를 들어 환경을 주제로 한다면, 과학(생태계), 사회(환경 정책), 국어(설명문 작성), 미술(포스터 제작) 등이 연결될 수 있다. 반면 수학을 억지로 포함하기 위해 관련 없는 활동을 넣는 것은 학생의 배움에 오히려 혼란을 줄 수 있다.

- **반드시 눈에 보이는 결과물이어야 하나요?**

  발표회 결과는 눈에 보이는 제품일 수도 있고, 캠페인이나 행동일 수도 있다. 중요한 것은 형태가 아니라, 학생의 탐구 과정과 성장을 드러내는 것이다. 어떤 학생은 보고서나 영상으로, 어떤 학생은 전시물이나 공연으로 발표할 수 있다. 때로는 행동 그 자체, 예를 들어 캠페인 기획이나 지역사회 제안 활동이 결과물이 되기도 한다. 결과물보다 중요한 것은 학생이 탐구 과정에서 어떤 배움을 얻었는가, 그리고 그것을 어떻게 표현했는가이다.

- **학생들의 탐구가 실제 눈에 보이는 실천(Action)으로 이어지지 못하면 실패한 건가요?**

  많은 교사가 "우리 아이들은 실천으로까지 이어지지 못했는데, 발표회가 실패한 건 아닐까요?"라는 고민을 한다. 하지만 행동은 반드시 거대한 사회적 변화를 만들어

내야 하는 것은 아니다. 오히려 중요한 것은 학생이 배움을 삶과 연결해 보는 경험 자체이다. 작은 생활 습관의 변화, 가족과의 대화, 학교 내 캠페인처럼 작아 보이는 실천도 충분히 의미 있다. 중요한 건 학생이 "내 배움이 세상을 바꿀 수 있다"라는 가능성을 직접 경험하는 것이다.

- **평가와 성적은 어떻게 반영하나요?**

  발표회는 전통적인 지필 평가로 측정하기 어렵다. IB가 강조하는 것은 과정 중심 평가이다. 학생이 어떤 질문을 품었는지, 어떤 탐구 과정을 거쳤는지, 탐구를 통해 어떻게 성장했는지를 중심으로 평가해야 한다. 구체적으로는 탐구 저널, 성찰 기록, 모둠 협력 과정, 실천 활동, 발표 태도 등을 종합적으로 살펴본다. 결과물 자체보다는 과정과 성장에 비중을 두어야 한다.

PART
4

IB 탐구 수업과 문해력

앞에서 IB 초등프로그램의 탐구 단원 설계와 실제로 구현되는 수업 사례를 살펴보았다. IB 탐구 수업에서는 다른 나라의 문화, 제비의 습성, 제주어의 유래, 사춘기의 특징 등과 같이 탐구와 관련된 여러 자료를 읽고 요약하며, 중심 내용을 찾아 정리하는 능력이 요구된다. 이때 아이들에게 필요한 것이 '문해력'이다. IB에서는 언어 학습을 중요하게 여기는데, 문해력이 있는 학생은 언어를 통해 의미를 만들고 세상을 탐구하는 하나의 방식을 갖고 있다고 보기 때문이다. 그래서 IB 학교에서는 학생들의 전반적인 문해력 발달을 고려하여 교육과정을 구성하고, 수업 시간표 안에 문해력 프로그램을 따로 두거나 학교 도서관과 연계하여 전문 사서 교사가 수업을 진행하는 경우가 많다.

또한 학생들의 학습에 필요한 기능을 뜻하는 ATL 중 의사소통 기능의 하위 영역에도 문해력이 제시되어 있다. 이때의 문해력은 글쓰기, 말하기, 읽기, 주의 깊게 듣기와 같은 좀 더 세부적인 학습 기능을 포함한다.

문해력은 지속적인 노력을 통해 형성되는 능력으로서, 학습의 필수적인 조건이며 핵심적인 기초 역량이다. 탐구 수업을 하기 위해서는 기본적으로 학생들이 여러 자료를 읽어 낼 수 있어야 한다. 하지만 오늘날 아이들은 영상매체의 영향 등으로 글을 깊이 읽고 이해할 수 있는 힘이 부족해지고 있다. 따라서 IB의 철학에 맞게 교사들이 협력하여 설계한 수업이 진정한 배움으로 구현되기 위해서는 학생들의 기본적인 읽기 역량부터 키워 주어야 한다.

PART 4에서는 종합적인 문해력을 높이는 방법과 ATL 문해력의 세부 기능인 '읽기'를 6차시 수업으로 가르치는 방법을 제시하고 있다. 그럼 문해력을 구체적으로 어떻게 키울 것인지 사례와 함께 살펴보자.

11장 문해력을 키우는 IB 수업

IB 프로그램을 운영하는 학교에서는 자체적으로 읽고, 쓰고, 말하고, 듣는 다양한 방식의 문해력 함양을 위한 수업이 이루어진다. 문해력이 교육과정 전반에서 중요시되는 이유를 IB 수업이 추구하는 '개념적 이해'와 관련해서 생각해 보자. 『개념기반 교육과정 및 수업』(린 에릭슨, 2019)에서 저자인 린 에릭슨(H. Lynn Erickson)이 말하는 '지식의 구조'를 살펴보면, 학생들에게 지식은 '사실-개념-일반화'를 거쳐 구성되고, 그 과정을 통해 개념적 이해를 형성하며 고차원적 사고를 한다. 즉 개념적 이해를 형성해 가는 수업이 진행되려면 우선적으로 학생들이 사실에 해당하는 내용을 파악해야 한다는 것이다. 그렇기에 각각의 탐구 자료를 읽어서 제대로 이해한 후 정리하여 요약하고 글로 표현할 수 있는 기본적인 문해력이 필요하다고 할 수 있다.

01 문해력을 키우는 방법

IB 수업에 필요한 문해력을 키울 수 있는 방법은 다양하지만 여기서는 『IB 탐구 수업과 질문하는 문해력』(독서생활연구소 외, 2025)에서 소개한 방법을 언어를 익히는 과정인 듣기, 말하기, 읽기, 쓰기를 고려하여 재구성하였다. 첫 번째는 이야기 듣기, 두 번째는 말하면서 읽기, 세 번째는 몰입하여 읽기, 네 번째는 줄거리 쓰기와 질문 만들기다. 각각의 방법에 대해서 자세히 알아보자.

방법 ① 이야기 듣기

이야기를 듣는다는 것은 누군가 읽어 주는 사람이 있다는 뜻이다. 보통 가정에서는 부모가 자녀에게 동화책 속 이야기를 들려주거나, 학교에서는 교사가 학습 내용을 설명하거나 본문을 읽어 주는 상황을 생각할 수 있다. 아이나 학생의 입장에서는 모두 '듣기'에 해당한다. 아이가 처음 '엄마'라는 낱말을 익혔을 때를 떠올려 보자. 먼저 아이는 그 말을 수없이 들었을 것이다. 처음 익힌 낱말은 '엄마' 하나지만, 낱말들이 모여 문장을 이루고, 문장들이 문단을 만들고, 구조가 있는 한 편의 글이 된다. 그래서 한 권의 책, 글의 구조가 있는, 또래가 등장하는 동화책을 꾸준히 읽어 주면 학생의 '듣는 힘'이 강해진다. 그러나 요즘 학생들은 구조가 있는 긴 이야기를 들을 기회가 적고, 이들이 자주 접하는 매체는 내용의 일부만 보여주는 짤막한 영상인 경우가 많다. 그렇다면 책을 자주 읽어 주고, 아이들이 듣는 힘을 기르면 어떤 점이 좋을까?

듣기 능력이 높으면 책을 읽고 잘 기억할 수 있어서, 수업 시간에 선생님의 설명을 듣고 이해해서 정리할 수 있다. 이러한 읽기와 듣기 능력은 글의 구조가 있는 긴 동화를 듣는 것으로 기를 수 있다. 동화는 전체 상황이나 맥락 속에서 읽거나 들은 내용을 이해해야 하므로 지식을 체계적으로 쌓는 데 도움이 되기 때문이다.

또 학생들의 집중력이 좋아진다. 아주 쉬운 동화라고 해도 이야기를 듣고 재미를 느끼기 위해서는 집중해야 한다. 간혹 책의 앞부분을 읽다가 재미없다고 책을 덮어버리는 아이들이 있다. 집중력이 부족해서 끝까지 읽기 어려워할 때 그 부분을 옆에서 읽어 주면, 재미가 있어서 계속 듣고,

그러다가 다시 집중하게 되는 경우가 많다. 그래서 쉬운 동화부터 시작해서 구성이 복잡하고 긴 동화를 들으면 집중력이 높아지게 된다. 듣기를 통해 집중력을 기르면 혼자 책을 읽을 때도 집중하게 되는 효과가 있다.

마지막으로 이야기 듣기를 통해 책의 재미를 아는, 즉 스스로 재미를 찾을 줄 아는 아이들은 비교적 영상매체와 디지털 매체의 영향을 덜 받는다. 왜냐하면 책은 글자를 읽고 스스로 장면을 그리고 떠올려야 하지만, 영상매체는 모든 이미지와 장면을 만들어서 보여 주기 때문이다. 그래서 책은 자신이 집중해서 읽어야 재미를 느낄 수 있지만, 스마트폰이나 유튜브 영상, 게임은 별다른 노력 없이도 빠져들게 된다. 이런 아이들에게 꾸준히 책을 읽어 준다면 책에 대한 흥미와 읽기 능력을 높이면서 디지털 매체의 영향을 줄여나갈 수 있다.

직접 책을 읽어 주기 어려운 경우에는 오디오북이나 녹음 파일을 사용해서 들려주는 방법도 있다. 이 방법은 한 가지 장점이 있는데, 직접 읽어 줄 때는 아이들의 듣는 태도를 볼 수 없지만, 녹음 파일을 이용하면 학생들의 모습을 지켜볼 수 있다는 점이다. 필요한 경우 여러 번 들려줄 수도 있고 배속을 높여서 빠르게 들을 수 있다는 장점도 있다. 또한 책을 보면서 들으면 '소리'와 '활자'를 일치시키며 읽는 연습이 되기도 한다. 『매일매일 일어나는 독서의 기적』(게일 보시, 조안 모저 글, 파라주니어)에는 외국의 한 초등학교의 예가 나오는데, 교실 한 켠에 오디오북을 두고 항상 들을 수 있는 환경을 만들어주고 있었다. 특히 책 읽기를 어려워하는 아이들은 오디오북 듣는 것을 더 편안하게 생각하며, 많이 들은 아이들은 이야기의 장면이 머릿속에 이미지로 잘 떠오른다고 한다. 또 오디오북을 재밌게 듣고 나면 도서관에 책을 빌리러 가거나 스스로 읽기도 한다. 두꺼운 책이라도 오디오북으로 들으면 뒷이야기가 궁금해서 계속 들어야 하니 끝까지 듣는 경우도 생긴다. 이처럼 학교에서는 아이들이 이야기를 들을 수 있는 환경을 만들어 주고, 자신에게 맞는 방법을 찾도록 도와줄 수 있다.

방법 ② 말하면서 읽기

문해력을 통합적으로 키우기 위한 두 번째 방법은 '말하면서 읽기'다. IB 탐구 수업에서는 다양한 주제의 탐구 자료가 제시되는데 학생들이 글을 읽어내는 기초적인 힘이 없으면 IB 탐구 수업에서 제시하는 여러 책이나 자료를 읽기 어렵다. 이럴 때는 말하면서 읽는 방법의 하나로 초기부터 책 내용을 기억해서 발표하게 해 보자. 되도록 처음부터 끝까지 읽고 구조를 생각하며 전체를 기억하게 하는 것이 좋다. 이때에도 그림책부터 시작해서 동화책을 평소에 꾸준히 읽으며 줄거리를 말하게 하는 것이 도움이 된다.

수업에서 학생들에게 책이나 탐구 자료를 읽고 나서 기억나는 것을 말해 보라고 하면 당황해하고 조금 힘들어한다. 하지만 자기 말로 소리를 내어서 표현해야만 어떤 것을 기억하고, 기억하지 못하는지 스스로 알 수 있기에, 말하고 난 뒤에는 다시 내용을 읽으면서 어떤 부분을 빠뜨렸는지 살펴보게 한다. 그런 경험이 쌓이면 학생들은 다음에 읽을 때는 기억하기 위해 더 집중하고 애써서 읽으려고 노력한다. 말하면서 읽기를 통해 책을 읽고 기억하는 능력을 높이면 고학년이 되어 두꺼운 책도 대부분 기억하게 되고, 순서를 기억하고, 구성을 파악하면서 세부 내용을 이해할 수 있게 된다. IB 수업에서 일반화를 위한 여러 기초 자료를 읽고, 하나의 개념으로 내용을 정리할 때 학생들이 각 자료에 나오는 사실을 구체적으로 기억하지 못하면 막연한 일반화에 빠지게 된다. 예를 들어 4학년 사회과 우리 지역의 국가유산을 주제로 한 수업에서 학생이 '왜 오래전에 만들어진 국가유산에는 조상들의 지혜와 과학적 가치가 지금까지 잘 보존되어 있을까?'라는 탐구 질문을 가졌다고 하자. 그다음 첨성대, 신라 금관, 훈민정음, 석굴암 등의 자료를 찾아 읽으면서 질문에 대한 답을 고민해 나간다. 만약 탐구 자료에 제시된 내용을 대충 이해하고 있는 학생의 일반화는 '우리 지역의 국가유산은 소중하기 때문에 지금까지 보존되어 있다'처럼 단순하게 나타난다.

반대로 자료를 깊이 읽고 정확하게 기억하고 있다면 '조상들이 만든 국가유산을 자연재해나 훼손으로부터 보호하기 위해 문화재로 지정해 두거나, 오랫동안 보존되는 재료로 만들어져서 지금까지 보존되었다'처럼 정교하게 나타난다. 이처럼 '말하면서 읽기'를 꾸준히 연습해 나간다면 학생들이 탐구 자료의 구체적인 사실을 기억하고 이해하는 능력이 높아질 것이다.

방법 ③ 몰입하여 읽기

책 읽어 주기를 통한 이야기 듣기, 말하면서 읽기에 이어서 문해력을 키우는 또 다른 방법은 바로 긴 시간 집중해서 읽는 '몰입 독서'이다. 몰입 독서는 일정한 시간을 정해서 다른 사람들과 함께 책을 읽는 것을 말하며, 이때 '일정한 시간'은 3시간 이상의 긴 시간을 뜻한다.

요즘 학생들은 대부분 스마트폰을 통한 인터넷, SNS 등을 하며 자유 시간을 보내는 것에 익숙하다. 또 학년이 올라갈수록 학습량이 많아지고, 학원에 가게 되면서 독서를 하는 시간이 현실적으로 줄어든다. 그렇기에 지금 학생들이 독서를 하려면 별도의 시간과 공간을 만들어주어야 한다. 자투리 시간이 아니라 긴 시간을 정해서, 자기 방이 아니라 책이 많이 비치된(문해력을 키우는 데 도움이 되는 책들을 따로 모아서) 공간에서, 혼자가 아니라 친구나 선후배와 함께 읽을 때 집중해서 책을 읽게 하는 것인데, 이를 '몰입 독서'라고 한다. 몰입 독서는 별도의 공간에서 긴 시간, 수준이 다른 아이들이 섞여 읽어야 하기에 집중하는 것을 가장 우선으로 두고, 평가나 독후 활동은 최소한으로 해야 한다. 책도 주로 동화를 읽게 하는 것이 좋다. 지식 책이나 명작을 몇 시간 집중해서 읽는 것은 어렵기 때문이다. 만약에 상황이 가능하다면 50분 읽고 10분 쉬는 형태로 3시간 이상 읽기를 추천한다. 긴 시간을 읽어야 하는 이유는 중간에 휴식이 2번 이상 있어서 처음, 가운데, 끝 시간에 집중력이 어떻게 변하는지 관찰할 수 있기 때문이다. 한 초등학교에서는 국어와 창체 시간을 합쳐서 교육과정을 재구성하여 몰입 독서를 진행하거나 학교 자율시간과 연계, 방과후 학교 프로그램 등으로 운영하고 있다. 한국의 국제학교에서도 '모든 것을 내려놓고 모두가 책을 읽는다'는 뜻을 가진 'DEAR(Drop Everything and All Reading)'프로그램을 운영하며 학생들에게 책을 읽을 수 있는 시간을 확보하고 있다. 몰입독서를 통해 기른 집중력과 문해력의 관계에 더 관심을 가져야 할 때이다. 몰입 독서에 대한 더욱 자세한 내용은 『문해력을 키우는 읽기 습관 몰입독서』(유영호 지음, 학교도서관저널)을 참고할 수 있다.

방법 ④ 줄거리 쓰기와 질문 만들기

마지막 방법은 쓰기를 통해 문해력을 키우는 것이다. IB 수업에서는 학생의 '탐구'를 무척 중요하게 생각하며, 탐구의 시작을 '질문'으로 본다. 그렇다면 질문은 어디에서 올까? 어떤 현상이나 지식에 대한 자료가 있는 상황에서 궁금한 것들이 나온다. IB 수업에서 학생들이 사진 자료를 보고, 표나 그래프, 영상을 보고, 글을 읽고 질문을 만들게 하는 것도 이와 같은 맥락이라고 볼 수 있다. 그렇다면 학생들은 주어진 탐구 내용을 읽고 정리할 수 있어야 하고 자신의 생각을 질문으로 표현할 수 있어야 한다. 그런 능력을 키우는 연습으로 글을 읽고 줄거리를 요약해서 그것으로 질문 만드는 법을 소개한다. 학교 현장에서 생각보다 학생들이 줄거리를 요약해서 쓰는 것을 어려워한다는 말을 자주 듣는다. 막상 써 놓은 줄거리가 앞부분 내용만 담겨 있거나, 핵심이 빠진 경우가 많다. 어떻게 도와주면 좋을까?

흔히 줄거리 5단계는 발단, 전개, 위기, 절정, 결말을 뜻하는데, 이보다 낮은 단계인 사실적 독해를 요구할 때는 학생들에게 머릿속으로 책 전체를 5등분해서 쪽수가 비슷하게 적으라고 한다. 줄거리 요약에서 적은 쪽수를 비교하면 자연스럽게 자기가 어느 정도 기억하고 있는지 자기 평가가 가능하다. 시간이 흐를수록 쪽수가 균등해지고, 줄거리 안에서도 핵심 사건의 원인과 결과가 드러난다. 다음은 요약한 줄거리에서 질문을 만들 차례다. 질문을 만들어보라고 하면 형식적으로 하는 아이들도 많고 또 책에 나오는 장면에 '누구', '무엇', '어떻게'로 물으면서 쉽게 답을 찾는 질문을 만드는 경우도 많다. 그래서 초기에는 학생들에게 '왜 누구는 무엇을 할까?'로 묻게 하고, 왜 자신이 그런 의문을 가졌는지, 궁금한 까닭을 스스로 생각해서 질문을 만든다.

줄거리를 5단계로 쓰고 질문 만들기를 진행하면 아이들이 책 내용을 스스로 정리할 수 있고, 자신의 생각을 계속 전개할 수 있는 능력을 기를 수 있다. 줄거리 안에서만 의문을 가져야 하기에 책의 내용을 더 깊이 생각해 보려고 하며, 친구와 답을 주고받는 과정을 통해 사고의 협력을 경험한다. 전체의 이야기를 듣고, 구조를 생각하며 말하고, 집중해서 읽고, 줄거리를 요약하고 질문을 만드는 꾸준한 경험을 통해 학습의 기본인 문해력이 길러진다면 IB 수업에서 탐구 자료를 읽고, 이해하고 정리하고, 질문을 만들고, 자신의 탐구를 펼쳐가는 데 큰 도움이 될 것이다.

02 문해력을 키우는 수업 사례

앞에서 설명한 네 가지 문해력을 키우는 방법이 통합적으로 이루어지는 수업은 어떤 모습일까? 4학년 2학기 국어 교과서에 실린 『언제나 다정 죽집』(우신영 글, 서영 그림, 비룡소)을 읽고 문해력 수업을 진행한 사례를 살펴보자. 활동의 순서나 활동지는 교실의 맥락에 따라 수정해서 사용할 수 있다.

『언제나 다정 죽집』은 할머니가 혼자 운영하게 된 '다정 죽집'이 문을 닫을 위기에 처하자, 고양이의 '꾹꾹이' 덕분에 말하고 움직이게 된 부엌 친구들이 가게를 지키기 위해 힘을 합친다는 내용의 동화다. 동화를 읽기 전, 교사는 줄거리의 일부를 활동지에 실어 아이들에게 제시하고, 아이들에게 자신의 생각이 들어간 질문을 만들게 한다. 동화를 읽기 전에 질문을 품으면 아이들은 글을 읽는 동안 그 질문에 대한 답이 책 속에서 나오는지 혹은 자신이 예상하는 것과 어떻게 다른지 생각하며 읽을 수 있다. 『언제나 다정 죽집』과 관련해서 교사가 제시한 줄거리 일부는 다음과 같다. 활동지에는 책 읽기 전 내용에 줄거리 일부를 넣었다.

〈책 읽기 전 내용〉

죽집에는 낡고 오래된 도구(가마솥, 사발, 홍두깨, 인두, 주걱)가 있다. 할아버지가 돌봐온 고양이 '팥냥이'의 꾹꾹이를 받은 순간부터 도구들은 말을 할 수 있게 된다. 할아버지의 죽음으로 혼자가 된 할머니는 점점 기울어져가는 죽집을 다른 이에게 내어주기로 하고, 죽집의 도구들은 그런 할머니 곁에서 죽집이 문을 닫지 않도록 함께 힘을 모은다. 팥냥이는 쥐나 생선이 아닌, 도구들에게 세상에서 가장 맛있는 팥빵 레시피를 전하는 메신저로 활약하는데.

『언제나 다정 죽집』의 줄거리 일부를 읽은 학생들은 어떤 질문을 만들었을까?

- 왜 팥냥이의 꾹꾹이를 받은 순간 도구들은 말을 할까? 현실에서는 말할 수 없는데.

- 왜 팥냥이는 팥빵 레시피를 알려 줄까? 죽집인데 왜 빵 레시피일까?
- 왜 낡고 오래된 도구들이 할머니를 도와줄까?
- 왜 죽집인데 인두가 필요할까? 다른 재료는 음식 만드는 데 필요한데 인두는 옷을 다릴 때 쓰는 도구인데.

다음에는 동화를 교사가 소리 내어 읽어 주거나, 녹음한 것을 들려준다. 책 읽어 주기를 먼저 하면 혼자 읽기를 어려워하는 학생은 덜 부담스러워하고, 들으면서 머릿속으로 이미지를 그린다. 수업용으로 녹음 파일이나 오디오북을 사용하면 여러 번 들으면서 읽는 것을 연습할 수 있다. 또 책을 읽어줄 때 인물이 바뀌거나 시간이나 공간이 변할 때 장면을 나눠주면 학생들이 흐름을 생각하며 듣는 데 도움이 된다. 한 권의 동화가 너무 길 때는 교과서에 제시된 부분만 읽어 줄 수 있다. 동화를 들은 다음에는 '몰입 독서'를 한다. 별도로 시간을 마련해서 읽어도 되고, 수업 시간에 포함 시켜 구성해도 좋다. 이때 중요한 것은 바로 '집중해서 읽는다'는 점이다.

이어서 읽은 내용을 말할 차례다. 읽었던 부분이나 줄거리를 혼자 혹은 친구와 함께 말로 표현하는데 '줄거리 발표' 시간이라고도 한다. 말로 줄거리를 발표하는 것이 익숙하지 않은 아이들은 쉽게 입을 떼지 못한다. 이때 아이들에게 내용을 평가하려는 것이 아니라 읽거나 기억한 것을 말해 보는 기회를 주는 것이라고 안내하며, 편안한 분위기를 만들어 준다. 또 혼자 하기 어려워하면 친구와 주고받으며 앞 친구가 말한 다음 이야기를 이어받아 말하기도 한다. 친구의 내용을 들을 때는 '그거 아닌데. 틀렸어'라고 중간에 끼어들지 않기로 약속한다.

문해력을 키우는 수업 활동지

학년 반: 이름:

책 제목	
책 읽기 전 내용	
책을 읽기 전 내용으로 질문 만들기 (왜, 내 생각, 주어, 물음표) :	
책 읽어 주기	
몰입해서 책 읽기	
줄거리 발표하기	
5단계로 줄거리 쓰기 ㉠ ~ 쪽 ㉡ ~ 쪽 ㉢ ~ 쪽 ㉣ ~ 쪽 ㉤ ~ 쪽	㉠ ㉡ ㉢ ㉣ ㉤
줄거리 내용 중 궁금한 점 질문 만들기 (왜, 내 생각, 주어, 물음표)	①(/) ②(/)
내 질문에 친구 답변	③(/) ④(/)

▶ QR 코드를 촬영해 보세요. 활동지 양식을 내려 받을 수 있습니다.

1. ①,②는 줄거리 ㉢,㉣,㉤ 중 한 개를 골라 (㉢, 질문 만든 학생 이름) 쓰고, 질문을 만든다.
2. ③,④는 친구의 질문 ①,② 중 하나를 골라 (①, 답변 하는 학생 이름) 쓰고, 질문에 대한 답변을 적는다.

줄거리 발표하기가 끝나면, 읽은 동화의 줄거리를 5단계로 적고 교과서에서 쪽수를 찾아 쓴다.

표 11.1 줄거리 5단계 쓰기 예시

단계	줄거리	쪽
1	팥냥이는 가게에 들어와서 친구들에게 "가게의 운명이 너희한테 달려 있어"라고 말했어. 그 말에 친구들은 바삐 움직였고 고양이 빵을 상자에 담아 뒀어.	44~46쪽
2	할머니가 들어와서 가마솥에 팥을 부어 끓였고, 으깨서 팥죽을 만들었어.	49~50쪽
3	한 아저씨가 들어왔어. 고양이 빵과 팥죽을 달라고 했지. 인두는 고양이 빵을 갖다 줬고, 할머니는 가족이 같이 먹으라고 빵 세 개와 팥죽을 줬어.	51~53쪽
4	조금 뒤, 베레모 아저씨와 키다리 아저씨가 가게로 들어와 팥죽을 시켰어. 새로 일한다고 청소도 하고 말이야.	54~55쪽
5	키다리 아저씨가 곰곰이 생각하다가 말했어. 팥죽의 맛 비밀은 '다정함'이라고.	56~57쪽

한 아이는 자신이 쓴 줄거리 5단계에서 내 생각이 담긴 질문으로 "키다리 아저씨는 왜 팥죽 맛의 비밀이 다정함이라고 했을까? 할머니의 정성이 비밀일 수 있는데"를 썼다. 줄거리에서 질문을 만들 때는 주로 앞부분보다는 중간과 끝부분에서 고민하게 한다. 앞부분은 주로 배경이 나오고 중간에 핵심적인 내용이 전개되다가 끝부분에서 해결되는 경우가 많기 때문이다. 질문을 만들고 나서는 친구와 서로의 질문을 바꿔서 읽고 답변을 해 주는 시간을 가졌다. 질문에 대한 답을 쓰기 위해서는 아이들이 상대방의 질문을 더 꼼꼼하게 읽는다. 이를 통해 학생들은 같은 책을 읽었지만 다른 질문을 가질 수 있고, 하나의 질문에 여러 가지 답이 나올 수 있다는 것을 알게 된다.

한 편의 이야기나 한 권의 동화를 읽을 때 이런 과정을 거치면 학생들의 머릿속에 이야기라는 하나의 구조가 생겨서 내용을 훨씬 구체적으로 기억하고, 자세하게 표현하는 것을 발견할 수 있다. 이런 경험이 쌓이면 다른 탐구 자료를 읽는 능력도 향상 될 것이다.

IB의 평가 방식을 살펴보면 탐구 보고서 작성하기, 모둠별 토의하기. 탐구 결과 발표하기, 에세이 쓰기, 논술형 시험 등 텍스트의 의미를 정확히 이해하고, 자신의 말로 설명하거나 글로 써야 하는 경우가 많기 때문에 IB 탐구 수업에서 문해력은 필수적이라고 볼 수 있다. 단, 문해력과 같은 기초 역량은 하루아침에 만들어지지 않기에 교사의 의지와 학생들의 꾸준한 실행이 무척 중요하다. 앞으로 IB 학교뿐 아니라 일반 학교에서도 학생들의 탐구 수업이나 깊이 있는 학습을 위한 다양한 문해력 수업이 펼쳐지기를 기대한다.

12장 IB ATL을 활용한 깊이 있는 문해력 수업

IB ATL은 1장에서 언급했듯이,▶p.27 IB 학교의 학생이라면 반드시 배워야 할 학습방법이자 기능이다. '사고 기능, 조사 기능, 의사소통 기능, 대인관계 기능, 자기관리 기능'과 같이 다섯 가지 기능이 있으며, 그 아래 세부적인 영역으로 나뉜다. IB 학교마다 ATL 수업을 운영하는 방식이 다른데, ATL을 하나의 교과처럼 구성하여 따로 수업하기도 하고, IB 탐구 수업 안에 포함 시켜 탐구 내용과 함께 익혀야 할 것으로 제시하기도 한다.

ATL은 캐롤 드웩(Carol S. Dweck, 2006)의 '성장 마인드셋'에 기반하는데, 개인의 능력은 자기 인식과 학습 태도와 노력에 따라 향상될 수 있다는 마음을 갖는 것을 뜻한다. 교사들은 학생들이 학습 기능을 배우고 익혀 나간다면 성장할 것이라는 믿음이 있기에 학습 방법을 가르치고, 실행할 수 있는 기회를 준다. 중간에 학생이 실패를 하더라도 과정에 초점을 두고 "이번에 방법을 한 번 바꿔볼까?" 피드백을 주면서 학습을 도와줄 수 있다. 성장 마인드셋과 함께 주목할 것은 학생들에게 ATL을 명시적으로 가르친다는 점이다.

예를 들어 ATL의 조사 기능 중 '자료의 신뢰성을 판단하기'를 배우는 수업에서 교사는 학생들에게 "오늘은 주민 자치와 관련한 다양한 자료와 사례를 조사할 거야. 이때 우리가 찾은 자료의 신뢰성을 판단하기 위한 기능을 배울 텐데 여기에서는 CRAAP이라는 전략을 활용할 거야"라고 어떤 방법을 사용하여 자료의 신뢰성을 판단하는 기능을 가르칠 것인지 뚜렷하게 제시한다. 탐구의 과정에서 필요한 ATL을 명시적으로 가르침으로써 학생들은 학습하는 방법을 배워갈 수 있고, 탐구 수업의 결과도 달라지기에 IB 학교에서는 기본적인 학습 기능으로써 ATL을 강조하며 가르친다.

이 장에서는 IB ATL 중 학습에서 가장 기본이 되는 의사소통 기능 중 '읽기'에 대한 수업 사례를 다루고자 한다. 학습에서 '읽기'가 잘 되지 않을 때 깊이 있는 탐구가 진행되기 어려운 것은 알지만, 막상 교사들 입장에서는 '읽기'라는 학습 기능 자체를 가르친다는 것이 생소하고 막막하게 느껴질 수 있다. 이러한 배경에서 IB ATL의 의사소통 기능 중 '비문학 읽기'를 가르치는 사례를 구체적으로 살펴보려 한다.

01 읽기 기능을 배우는 수업 안내

IB ATL 수업은 한두 차시로 끝나는 것이 아니라 쉬운 내용으로 기능 자체를 익히고, 실제 수업에서 활용할 수 있도록 차시를 여유롭게 구성하여 진행한다. 물론 각 학교나 학급의 상황에 따라 다를 수 있다. 여기에서는 표 12.1과 같이 차시를 구성하였다. 1차시에서는 학생들이 '읽기'를 배우는 이유를 스스로 생각하게 하고, 2~3차시에서 교사는 '읽기'를 배우는 방법을 명시적으로 제시하여 간단한 자료 읽기로 전략을 익히게 한다. 4~5차시에서 학생들은 탐구 수업의 자료인 신문 기사를 읽으면서 실제로 전략을 활용하고, 마지막 6차시에서는 읽기 전략을 어디에 활용하고 적용할지, 전략을 사용하니 기존과 다른 점은 무엇인지 등 자신의 학습 과정을 성찰하는 시간을 가졌다.

IB 수업에서 탐구 자료의 종류는 다양하다. 일반적으로 주제와 관련된 신문 기사, 뉴스, 동화, 그림책, 교과서, 홈페이지, 동영상, 오디오북, 그래픽 자료 등을 이용한다. 교사가 직접 탐구 단원(UOI)에 맞게 준비하기도 하

표 12.1 IB ATL 의사소통 기능 중 '읽기'를 배우는 수업 차시별 내용

차시	내용
1차시	'읽기'를 배우는 이유를 생각하기
2~3차시	비문학을 읽는 6단계 읽기 전략 익히기
4~5차시	6단계 읽기 전략 활용해서 신문 기사 읽기
6차시	읽기 기능 학습 과정 성찰하기

고, 나아가 아이들이 직접 적절한 자료를 찾는 등 여러 방식으로 이루어진다. 보통은 교사가 주제와 관련된 탐구 자료를 주고 아이들이 그 자료를 읽고 나면 자료의 핵심 내용을 알고 있는지 말로 표현하거나 단어로 써 보라고 한다. 그러나 아이들은 짧은 내용이라도 기억하지 못하거나 주제와 상관없는 부분을 중심 내용으로 생각하는 경우가 많다.

그렇다면 아이들이 탐구 자료를 읽고 질문과 연결하는 과정을 어떻게 익힐 수 있을까? 탐구 수업에서는 주제와 관련된 정보를 담은 글인 신문 기사, 설명문과 같은 비문학을 읽는 경우가 많기에 이때 사용할 수 있는 읽기 전략 6단계를 만들었다.

읽기 → 기억 → 공유 → 연결 → 다시 읽기 → 질문

그림 12.1 읽기 전략 6단계

처음에는 주어진 자료를 빠르게 훑어 읽는다. 그러고 나서 기억나는 단어나 장면을 각자 정리하고, 짝 또는 모둠 내에서 서로 기억하는 내용을 공유한다. 다음은 읽었던 자료의 내용을 탐구 질문이나 핵심 개념과 연결할 차례다. 탐구 질문에 대한 답과 관련된 내용이 자료에 있다면 적을 수도 있고, 개념과 연결되는 부분을 찾아 쓸 수 있다. 연결의 과정이 시간이

비문학 탐구 자료 읽기 활동지

탐구 자료	
(1) 읽기: 빠르게 훑어 읽기	
(2) 기억: 탐구 자료에서 가장 기억나는 단어나 장면 또는 자신이 관심 있는 부분 쓰기	
(3) 공유: (2)번에 쓴 내용을 친구들과 이야기 나누기	
(4) 연결: 탐구 질문이나 핵심 개념을 자료의 내용과 연결하기	
(5) 읽기: 꼼꼼하게 다시 읽기	
(6) 질문: 탐구 자료를 읽고 궁금한 점에 의문 갖기	①
	②
내 질문에 친구 답변	③ (/)
	④ (/)
성찰하기	

▶ QR 코드를 촬영해 보세요. 활동지 양식을 내려 받을 수 있습니다.

1. ①,②에는 탐구 자료에서 궁금한 점을 두 가지를 쓴다.
2. ③,④는 친구의 질문 ①,② 중 하나를 골라 (①, 답변하는 학생 이름) 쓰고, 질문에 대한 답변을 적는다.

오래 걸리고 중요하다. 그다음은 자료를 꼼꼼하게 다시 읽을 시간이다. 앞의 4단계를 거쳤기에 다시 읽을 때 아이들 느낌이 다를 것이다. 마지막은 자신이 읽은 탐구 자료에서 궁금한 점을 질문으로 만든다.

ATL 기능을 가르칠 때 교사는 학생들이 기능 자체를 익히는 데 집중할 수 있도록 연습할 자료의 내용이 쉽고, 분량이 적은 것으로 제시한다. 따라서 '읽기' 기능을 배우는 수업에서도 사회나 국어 교과서 본문 중 자료의 양이 적고 내용이 쉬운 것을 골라서 읽기 전략 6단계 연습을 먼저 진행한 후에 본격적으로 탐구 자료를 읽는 연습을 한다.

신문 기사를 활용한 읽기 전략 수업

기사 요약

청양군은 지난 3일 자매도시 강동구의 초등학생 20명을 초청해 청양군의 자연과 문화를 체험할 기회를 제공했다. 청양군과 강동구 초등학생들은 3일과 5일에 걸쳐 청양군과 강동구에서 표고버섯 쿠키 만들기, 눈썰매, 군밤 굽기 등 체험 활동을 통해 교류를 진행했다. 강동구 초등학생들은 즐거움을 표현했으며, 지역 간 협력을 강화하고 어린이들의 경험을 풍부히 하기 위함이라고 군 관계자는 밝혔다.

출처: 충청 메시지 기사(2025. 2. 4)
원문 링크와 QR 코드:
https://www.ccmessage.kr/news/articleView.html?idxno=71819

그림 12.2 기사 요약본

4학년을 대상으로 한 사회과 중심의 탐구 수업으로 중심 아이디어는

'지역이 보유한 자원의 차이는 지역 간 교류의 계기를 만든다'였다. 앞 차시에서 쉬운 내용으로 읽기 전략을 익히는 연습을 했다면, 이제는 6단계 읽기 전략 활동지를 활용해서 핵심 개념인 '교류'와 관련한 신문 기사를 읽을 시간이다.

탐구 자료로 '어린이 문화 교류'에 대한 신문 기사를 선택한 이유는 나라 간의 교류보다는 또래 아이들이 나오는 교류가 더 친숙할 것이라고 판단했고, 교류에 대한 해석이나 가치가 들어가 있지 않은 정보 중심의 기사를 찾으려고 했기 때문이다.

1단계 읽기

기사의 분량이 길지는 않지만 아이들마다 읽는 속도가 다르다. 빠르게 다 읽은 아이에게는 한 번 더 읽거나, 중요하다고 생각하는 단어에 동그라미를 치면서 읽으라고 한다. 하지만 처음 1단계에서는 빠르게 훑어 읽으면서 전체 내용의 흐름을 파악하는 것이 목적이다.

2단계 기억

다음으로 아이들은 방금 읽었던 내용에서 기억하는 단어나 장면을 떠올리며 적는다. 이때 자신이 관심 있는 부분을 표현하라고 한다. 초학문적 학습에 기반한 IB PYP 수업에서는 초등학교 아이들의 관심, 일상이 중요하기 때문이다. 그래서 그런지 아이들 중에 '눈썰매 타기, 겨울방학, 표고버섯 쿠키 만들기, 군밤 굽기'처럼 자신이 좋아하는 말을 쓴 경우도 꽤 많았다. 그밖에 '청양과 강동구가 자매 도시라서 각각 체험을 제공했다', '시골과 도시의 교류'처럼 수업의 주제와 관련하여 정리한 아이들도 있었다.

3단계 공유

공유 단계에서 아이들은 2단계에서 자신이 기억해서 각자 쓴 내용을 친구들과 나눈다. 모둠 내에서 돌아가며 말하기도 하고, 짝과 활동지를 바꿔서 읽는다. 시간이 허락한다면 친구가 공유한 내용을 듣고 궁금한 점을 물어봐도 좋다. 이런 과정을 통해 아이들은 똑같은 자료를 읽었어도 사람마다 다르게 기억하고 정리할 수 있다는 것을 알고 서로에게서 배운다.

4단계 연결

이번에는 탐구 자료 읽기에서 가장 중요한 부분인 바로 '연결하기'다. 탐구 목록에서 탐구 질문이 정해졌다면 그것과 연결하거나 명시된 개념과도 연결할 수 있다. 이 수업에서 교사는 '교류'에 초점을 두고 연결해 보라고 했는데 처음에 아이들은 무엇을 어떻게 연결해야 할지 이해하기 어려워했다. 하지만 자세하게 설명하지 않고 스스로 먼저 해 보도록 기다렸고, 친구와 협력한 후에 교사는 조금 더 생각해 볼 수 있는 질문을 던졌다. 몇몇 아이들은 '시골 아이와 도시 아이가 여러 가지 체험을 하며 교류를 했다', '청양군과 강동구 자매도시 어린이들이 문화 교류를 가졌다', '상호 협력과 협력관계를 유지하기 위해 교류한다' 고도 했다. 어떤 아이는 이런 체험을 해본 적이 있다고 자신의 경험과 연결했다.

5단계 읽기

이때의 읽기는 처음 훑어 읽기와는 다른 꼼꼼하게 다시 읽는 시간이다. 1~4단계를 통해 기사를 읽고 공유하고 연결한 경험을 가진 아이들은 5단계에서는 신문 기사의 세부적인 내용을 기억하려고 애쓰면서 읽는다. 덕분에 신문 기사의 맥락을 더 깊이 이해하고, 자신이 여전히 모르는 것은 무엇인지 자세히 살펴보게 된다.

6단계 질문

지금까지 기사를 빠르게 읽고, 기억한 것을 공유하고, 연결한 다음에는 신문 기사를 한 번 더 꼼꼼하게 읽었다. 이제 질문을 만들 차례다. 아이들은 어떤 질문을 만들었을까?

- 왜 청양군과 강동구는 문화 교류를 했을까? 기술 교류나 다른 교류도 있는데.
- 문화 교류는 꼭 직접 만나서 해야 할까? 교류를 도와주는 사람이 있을까?
- 강동구는 왜 청양군과 우호 관계를 유지할까? 이익이 더 많아서일까?
- 왜 표고버섯으로 쿠키를 만들었을까? 버섯으로 만들면 달지 않을텐데.
- 왜 시골과 도시가 문화를 교류할까? 교류하지 않고 자신의 문화를 쓰면 되는데. 도시의 문화를 알면 좋다고 생각하는 걸까?
- 문화 교류 과정에서 얻을 수 있는 것은 무엇일까?
- 문화 교류는 어떤 뜻이 있을까?
- 왜 청양군 아이들을 초청했을까? 원래는 돈을 내야 하는 것 같은데.
- 왜 이런 교류 프로그램을 만들었을까?
- 왜 청양군에서 행사를 했을까? 강동구에서 하지 않고.
- 왜 강동구 어린이는 눈썰매가 가장 재미있었을까?

아이들이 만든 질문은 수업의 살아 있는 재료가 된다. 교사는 질문을 보면서 아이들이 어떻게 내용을 파악하고 있는지, 어느 지점을 궁금해하는지 알 수 있다. 또 질문을 만드는 것으로 끝나지 않고 학생들이 서로 질문을 바꿔서 읽고 답할 수 있는 생각을 나눌 수 있는 기회를 준다. 만들어진 질문들은 아이들 각자의 탐구로 이어지기도 하고, 수업 속에서 다시 재구성되기도 한다. 예를 들어 시골 아이와 도시 아이가 문화 교류만 한 것에 의문을 가진 아이는 다른 종류의 교류를 찾아볼 것이고, 교류의 과정이 궁금한 아이는 어떻게 교류가 이루어지는지 더 고민할 것이다. 무엇보다 중요한 것은 아이의 질문 그 자체를 존중해주는 교실의 문화이다.

02 수업 성찰하기

6단계 읽기 전략을 활용해서 읽는 연습을 한 학생은 전보다 훨씬 탐구 자료를 꼼꼼하게 읽는다. 읽은 내용을 기억할 때 자신이 생각보다 기억을 잘하지 못한다는 걸 알게 된 아이는 다른 국어 수업이나 과학 지문을 읽을 때 연습해 보고 싶다는 말을 하며 자신을 성찰했다. 교사도 아이들이 쓴 활동지를 보며 어려워하는 부분 등을 파악하고 용어나 차례, 형식을 바꾸면서 끊임없이 수업을 성찰한다.

이처럼 ATL 수업에서 중요한 것은 명시적 지도와 더불어 반복적인 실행과 성찰이다. ATL은 학생의 학습 기능을 익히기 위한 수업이라는 목적이 뚜렷하기에 학생들에게 '읽기' 기능을 익히기 위한 방법인 '읽기 전략 6단계'를 분명하게 안내한다. 또 한 번의 수업으로 그치지 않고 학생들에게 여러 다른 수업에서 반복적으로 연습할 기회를 준다. 매번 실행 후에는 성찰을 통해 다시 스스로 보완할 점을 찾고 교사의 피드백을 통해 기능을 향상 시킨다. 달리기나 운동도 하루 아침에 잘하게 되지 않는 것처럼 학습 기능도 연습이 필요하다. IB 학교에서 배운 ATL 기능은 개별 과목을 넘어서고 특정한 학년이나 시기에 통용되는 기능이 아니라 평생 학습자로서 사용할 수 있기에 초학문적 기능이라고 말한다. 학생들은 '읽기 기능'을 배운 후에는 다른 상황에서 읽기 전략을 사용하면서 자신의 읽기 능력이 높아지는 것을 느끼며 자신감을 갖게 될 것이다. 이렇게 IB ATL 수업을 통해서 비문학 자료를 읽는 방법을 배운 학생은 IB의 탐구 수업에서 정보나 설명과 관련한 탐구 자료를 읽을 때 수시로 활용할 수 있고, 교사 또한 학생들의 이해를 바탕으로 더 나은 수업을 진행할 수 있을 것이다.

IB를 통해 얻은 새로운 배움과 실행을 책으로 엮어 내며 우리를 이끈 원동력은 무엇인지 생각하다가 IB 학교에서 근무하고 있는 어느 선생님의 말이 떠올랐다.

> “IB를 알아가고 배운 것들을 제 수업에 조금씩 적용하면서 학생들이 점점 수업의 중심이 되어 가는 것을 느꼈어요. 교사는 수업에서 어떤 방향성을 갖고 설계하지만, 결국 학생들이 수업을 끌어 나가고, 교사는 학생들의 탐구를 촉진하는 역할을 하는 거죠.”

수업 시간에 활기가 넘치고, 질문이 가득하며, 스스로 해결해 보겠다는 아이들의 눈빛은 쉬이 잊히지 않는다. 저자들 역시 IB 수업을 통해 학생들이 직접 질문을 만들고 그 답을 탐구하는 과정에서 보인 자기 주도적 학습 태도와 열정을 목격하며 놀라움을 느꼈던 순간이 많았다. 특히 IB 교육을 3년 이상 지속해 온 학교에서는 해마다 아이들의 두드러진 변화를 볼 수 있다고 한다. 아이들의 성장은 곧 교사들이 IB 수업을 끊임없이 시도하고, 지속할 수 있는 원동력이 되어주었다.

이 책은 목적은 우리가 IB를 배우고 실행하면서 겪었던 어려움과 고민들을 다른 교사들은 조금이라도 수월하게 넘길 수 있도록 돕는 것이었다. 그래서 IB 수업을 준비하거나 실행 중인 교사들에게 보다 체계적이고 실질적인 방향성을 제시하고자 했다. 다양한 저자들이 각자의 경험과 통찰을 녹여냈지만, 하나의 원고로 읽힐 수 있도록 서로의 글을 읽고, 이해되지 않는 부분은 수정해 가며 협력적으로 작업했다. 이런 협력의 경험은 저자들에게도 새로웠던 IB 교육의 또 다른 가치를 확인하게 해 주었다.

사실 학교 현장에서 교사들은 이미 수업과 교육과정에 대해 끊임없이 논의하며 실천적 연구를 이어가고 있다. IBO의 연수나 인스쿨 워크숍에서도 교사들이 협력하여 단원을 설계하거나 수업 중 고민되는 문제를 함께 해결하는 과정을 강조한다. 이러한 협력적인 과정들은 IB가 교사들에게 제공하는 특별한 기회 중 하나이며, 교사들이 '협력'의 가치를 깊이 체득하도록 돕는다.

따라서 이 책을 읽는 독자 여러분 또한 같은 학년, 학교의 전문적 학습 공동체 등에서 동료들과 함께 책을 읽고, 여러분의 맥락 속에서 배움을 새롭게 재구성하고, 실행하며, 확장해 나가기를 기대한다. 협력적으로 교육과정을 설계하고, 학생 중심의 수업을 실현하는 학교와 교실은 비단 IB 교육뿐만 아니라 더 나은 교육과 더 좋은 수업을 고민하는 누구나 꿈꾸는 모습일 것이다. 이제 IB 수업을 향한 탐구의 키를 독자 여러분께 넘길 차례이다.

참고문헌

경기도교육청. (2023).『IB 이해하기-PYP』.

교육부. (2022).『초·중등학교 교육과정 총론』. 교육부 고시 제2022-33호 [별책1].

김민령, 김선정, 김태호, 박하익, 박효미, 이금이, 김중미, 이윤희. (2021).『다이너마이트』. 사계절.

독서생활연구소, 신현주, 유영호, 오선이. (2025).『IB 탐구 수업과 질문하는 문해력』. 초록비책공방.

스키마언어교육연구소. (2022).『몰입독서』. 학교도서관저널.

신현주, 성수진, 오선이. (2025).『교실로 들어온 IB 학습 접근 방법』. 사회평론아카데미.

우신영. (2024).『언제나 다정 죽집』. 비룡소.

윤진현. (2018).『다다다 다른 별 학교』. 천개의바람.

조호제, 김혜숙, 박은하, 박혜수, 안은정, 최은아, 유현진. (2025).『깊이 있는 학습을 위한 탐구 기법』. 박영사.

채인선. (2014).『배운다는 건 뭘까?』. 미세기.

Boushey, G., & Moser, J. (2012).『매일매일 일어나는 독서의 기적』. 파라주니어.

Brown, K. (2022).『특별하고 흥미로운 세계의 명절과 축제』. 사파리.

Chbosky, S. (감독). (2017). *Wonder* [『원더』, 영화]. 라이온스게이트; 맨더빌 필름스.

Dweck, C. S. (2023).『마인드셋』. 스몰빅라이프.

Erickson, H. L., Lanning, L. A., & French, R. (2019).『개념기반 교육과정 및 수업: 생각하는 교실을 위한』. 학지사.

IBO. (2020).『IB 교육이란 무엇인가』. https://www.ibo.org/about-the-ib/the-ib-by-region/ib-asia-pacific/resources-for-schools-in-south-korea

IBO. (2025). *Learning and teaching*. IBO.

IBO. (2025). *The Learner*. IBO.

Marschall, C., & French, R. (2021).『개념 기반 탐구학습의 실천: 전이 가능한 이해의 촉진 전략』. 학지사.

Murdoch, K. (2015).『탐구의 실체: A부터 Z까지: IB의 탐구적 사고의 전환점을 찾는 모든 이에게』. Seastar Education.

Ritchhart, R., Church, M., & Morrison, K. (2023).『생각이 보이는 교실: 스스로 질문하고 생각하도록 가르치는 사고 루틴 21가지』. 사회평론아카데미.

Shi, D. (감독). (2022). Turning Red [『메이의 새빨간 비밀』, 영화]. 픽사 애니메이션 스튜디오; 월트 디즈니 픽처스.

Stern, J., Lauriault, N., & Ferraro, K. (2023).『개념기반 교육과정과 수업: 개념적 이해와 전이를 위한 전략과 도구』. 박영스토리.

1. IB 탐구 단원 안내장

저학년(2학년) 탐구 단원(UOI) 안내장

<table>
<tr><td>초학문적 주제
Transdisciplinary theme</td><td colspan="5">우리가 속한 공간과 시간</td></tr>
<tr><td>중심 아이디어
Central idea</td><td colspan="5">세계 여러 나라의 문화와 전통을 이해하면 열린 마음을 가진 세계 시민이 된다.</td></tr>
<tr><td>탐구 질문
Inquiry questions</td><td colspan="5">★세계 여러 나라의 문화와 전통을 왜 배워야 할까요?★
세계 여러 나라의 자연환경과 사람들의 생활 모습(옷, 음식, 집)은 어떤 모습인가요?
세계 여러 나라의 전통과 생활모습은 어떻게 연결되어 있을까요?
다른 문화를 어떻게 대해야 할까요?</td></tr>
<tr><td rowspan="3">명시된 개념
Specified concepts
탐구 주제 목록
Lines of inquiry
개념
concepts</td><td>LOI 1
(형태)</td><td colspan="2">세계 여러 나라의 자연환경과 문화</td><td colspan="2">환경, 문화</td></tr>
<tr><td>LOI 2
(연결성)</td><td colspan="2">전통과 생활모습과의 관계</td><td colspan="2">전통, 생활모습</td></tr>
<tr><td>LOI 3
(관점)</td><td colspan="2">다양한 문화를 바라보는 관점</td><td colspan="2">공동체, 세계 시민, 다양성</td></tr>
<tr><td>실천 Action</td><td colspan="5">세계 여행 박람회 또는 세계 여행 안내책 만들기</td></tr>
<tr><td>학습 접근 방법
Approaches to learning</td><td>사고 기능</td><td>조사 기능</td><td>의사소통 기능</td><td>대인관계 기능</td><td>자기관리 기능</td></tr>
<tr><td rowspan="2">학습자상
Learner Profile</td><td>탐구하는 사람</td><td>지식이 풍부한 사람</td><td>사고하는 사람</td><td>소통하는 사람</td><td>원칙을 지키는 사람</td></tr>
<tr><td>열린 마음을 지닌 사람</td><td>배려하는 사람</td><td>도전하는 사람</td><td>균형잡힌 사람</td><td>성찰하는 사람</td></tr>
<tr><td rowspan="12">성취기준</td><td rowspan="5">국어</td><td colspan="4">[2국05-02] 작품을 듣거나 읽으면서 느끼거나 생각한 점을 말한다.</td></tr>
<tr><td colspan="4">[2국02-03] 글을 읽고 중심 내용을 확인한다.</td></tr>
<tr><td colspan="4">[2국04-03] 문장과 문장 부호를 알맞게 쓰고 한글에 호기심을 가진다.</td></tr>
<tr><td colspan="4">[2국03-03] 주변 소재에 대해 소개하는 글을 쓴다.</td></tr>
<tr><td colspan="4">[2국02-02] 의미가 잘 드러나도록 문장과 짧은 글을 알맞게 띄어 읽는다.</td></tr>
<tr><td rowspan="7">통합(세계)</td><td colspan="4">[2바02-03] 차이나 다양성을 서로 존중하면서 생활한다.</td></tr>
<tr><td colspan="4">[2바02-04] 새로운 활동에 호기심을 갖고 도전한다.</td></tr>
<tr><td colspan="4">[2슬02-03] 알고 싶은 나라를 탐구하며 다른 나라에 관심을 갖는다.</td></tr>
<tr><td colspan="4">[2슬02-04] 궁금한 세계를 다양한 매체로 탐색한다.</td></tr>
<tr><td colspan="4">[2즐02-03] 다른 나라의 문화 예술을 체험한다.</td></tr>
<tr><td colspan="4">[2즐02-04] 다양한 세상을 상상하고 표현한다.</td></tr>
<tr><td colspan="4">[2즐01-01] 즐겁게 놀이하며, 건강하고 안전하게 생활한다.</td></tr>
</table>

❖ 가정에서 이번 탐구 단원을 이렇게 도와주실 수 있어요.

함께 책을 읽고 이야기해요.	함께 영상을 보고 이야기해요.	이런 곳을 방문하고 소감을 나누어요.
• 테즈카 아케미, 무라타 히로코(2013). 세계와 만나는 그림책. 사계절 • 박규빈(2017), 다름, 다림 • 리울 니에토 구리디(2022). 어떻게 여행 가방에 고래를 넣을까?. 주니어 김영사 • 허은미(2021). 달라도 친구. 웅진주니어 • 강경수(2011). 거짓말 같은 이야기. 시공주니어 • 전대원(2016). 함께 사는 지구니까!. 토토북	• 세계 수도송 https://www.youtube.com/watch?v=b2RmYdF0yWE • 모아나 (Moana, 2016) • 코코 (Coco, 2017)	• 다문화 박물관(서울시 은평구) • 한국민속촌(경기도 용인)

▶ QR 코드를 촬영해 보세요. 부록에 소개된 자료 및 추가 양식을 내려 받을 수 있습니다.

고학년(5학년) 탐구 단원(UOI) 안내장

<table>
<tr><td colspan="2">탐구 단원(Unit of Inquiry) 안내</td><td rowspan="2">5학년</td></tr>
<tr><td colspan="2">3월 12일 ~ 4월 15일</td></tr>
<tr><td>초학문적 주제</td><td>우리는 누구인가</td><td rowspan="10">
사춘기 관리는
초등학생 때부터
(그림 출처: 대상그룹
기분 좋은 만남)</td></tr>
<tr><td colspan="2">신체적, 감정적, 사회적 그리고 정신적 건강과 웰빙; 관계와 소속감;
배움과 성장</td></tr>
<tr><td colspan="2">중심 아이디어(Central Idea)</td></tr>
<tr><td colspan="2">사람들은 자라면서 변하고, 이러한 변화는 스스로를 이해하는 데
영향을 준다.</td></tr>
<tr><td colspan="2">명시된 개념(Specified Concepts)</td></tr>
<tr><td colspan="2">변화(Change): 사춘기에는 어떤 변화가 일어날까?
인과관계(Causation): 또래 관계는 우리 생활에 어떤 영향을 미칠까?
기능(Function): 자아정체성은 왜 중요하며 그 역할은 무엇일까?</td></tr>
<tr><td colspan="2">개념(Concepts)</td></tr>
<tr><td colspan="2">사춘기, 자아정체성, 발달, 또래 관계, 자기 관리 등</td></tr>
</table>

<table>
<tr><td>탐구 목록(Lines of Inquiry)</td><td rowspan="8">탐구 단원 소개
이 탐구 단원은 "우리는 누구인가"라는 주제 아래, 사춘기를 겪는 개인의 변화와 자아 정체성 형성을 탐구합니다. 학생들은 신체적, 정서적, 지적, 사회적 변화가 어떻게 나타나는지 배우며, 이러한 변화가 서로 연결되어 있음을 이해합니다. 또한, 또래 관계가 자아 개념 형성에 어떤 영향을 미치는지도 탐구합니다. 학생들은 자신의 경험을 성찰하고, 건강한 선택을 할 수 있는 태도를 기릅니다. 탐구는 학생 주도의 활동과 평가로 구성되어 있으며, 자기 성찰과 실제 삶의 연결을 중요하게 여깁니다. 궁극적으로 학생들이 사춘기를 긍정적으로 받아들이고, 건강한 자아 정체성을 형성하도록 돕는 데 목적이 있습니다.</td></tr>
<tr><td>1. 사춘기의 신체적, 감정적 변화(변화)
2. 또래 관계가 웰빙에 미치는 영향(인과관계)
3. 자아 정체성의 역할(기능)</td></tr>
<tr><td>학습자상(Learner Profiles)</td></tr>
<tr><td>성찰하는 사람, 균형잡힌 사람, 소통하는 사람</td></tr>
<tr><td>학습 접근 방법(Approaches to Learning)</td></tr>
<tr><td>자기관리 기술, 사고 기술, 대인관계 기술</td></tr>
</table>

탐구 주제 관련 계획	영화 <메이의 새빨간 비밀> 보면서 나의 뇌 구조와 비교하고 탐구질문 만들기 영화 <Wonder 원더> 보고, 또래관계와 웰빙의 관계 토의하기 온책읽기: <다이너마이트> 읽고, 사춘기 시기의 자아정체성과 친구관계 생각하기 총괄평가: 사춘기 동생에게 조언 또는 설명하는 편지 쓰기
보건교육과 연계	사춘기의 몸과 마음의 변화, 성폭력 예방교육, 디지털 성폭력 예방, 정신 건강, 흡연예방교육, 건강 정보의 올바른 선택, 경계 존중 교육, 약물중독예방 등
ATL	- 이미지 버킷리스트 만들기(사고기능, 자기관리기능) - PMI 토론(사고기능, 의사소통기능)

탐구 관련 도서(선택)

탐구주제와 관련된 도서 목록입니다. 이 단원을 학습하는 동안 우리 반에서 함께 읽을 책과 관련 도서입니다. 탐구와 관련된 책을 미리 찾아 읽으면 탐구가 더욱 풍성해질 것입니다.

우리 반이 함께 읽을 책	관련 도서 (학급 및 도서관에 비치됨)
김민정 외 (2021). 다이너마이트. 사계절.	• 곽세라 글, 김설희 그림 (2021). 소녀를 위한 몸 돌봄 안내서. 원더박스. • 김민화 글 (2011). 열세 살, 내 마음이 왜 이러지?. 위즈덤하우스.

탐구 단원 관련 교육과정 성취기준

교육과정에는 학생들이 성취해야 하는 성취기준 있고 이를 반영하여 제작된 것이 교과서입니다. 일반적인 학교에서는 교과서를 학습하는 것으로 성취기준을 배웁니다. 하지만 우리 학교의 경우에는 IB 월드스쿨로 교과 통합을 통한 초학문적 탐구 단원으로 수업을 구성하게 됩니다. 담임교사들은 탐구 단원을 재구성할 때 교육과정 성취기준을 고려해 통합하게 되며, 일부 교과 또는 특정 단원의 경우 교과서 대신 다른 학습자료를 활용하여 수업이 이루어질 수 있습니다.

성취 기준	[6국01-07] 상대가 처한 상황을 이해하고 공감하며 듣는 태도를 지닌다. [6국05-05] 작품에 대한 이해와 감상을 바탕으로 하여 다른 사람과 적극적으로 소통한다. [6국05-06] 작품에서 얻은 깨달음을 바탕으로 하여 바람직한 삶의 가치를 내면화하는 태도를 지닌다. [6도01-01] 감정과 욕구를 조절하지 못해 나타날 수 있는 결과를 도덕적으로 상상해 보고, 올바르게 자신의 감정을 조절하고 표현할 수 있는 방법을 습관화한다. [6도04-01] 긍정적 태도의 의미와 중요성을 알고, 어려움을 극복하기 위한 긍정적 삶의 태도를 습관화한다. [6실01-01] 아동기의 신체적, 인지적, 정서적, 사회적 발달의 특징 및 발달의 개인차를 알아 자신을 이해하고, 건강하게 발달하기 위해 필요한 조건을 설명한다. [6실01-02] 아동기에 나타나는 남녀의 성적 발달 변화를 긍정적으로 이해하고 성적 발달과 관련한 자기 관리 방법을 탐색하여 실천한다. [6실02-07] 자신의 신체 발달을 고려하여 건강하고 안전한 옷차림을 실천한다. [6체01-01] 성장에 따른 신체적 변화를 수용하고 건강한 성장과 발달을 저해하는 생활 양식(흡연, 음주, 약물 오남용 등)의 위험성을 인식한다. [6체01-02] 건강을 유지하기 위한 체력 운동을 선택하고 자신의 수준에 맞게 운동 계획을 세워 실천한다. [6미01-01] 자신의 특징을 다양한 방법으로 탐색할 수 있다.

2. IB PYP 배움 성장 카드

PYP 학생 배움 성장 카드

탐구 단원(UOI): 우리는 누구인가

학년 반		번호		이름	
				담임교사:	(인)

❖ 탐구 단원

• 초학문적 주제	우리는 누구인가: 신체적, 감정적, 사회적 그리고 정신적 건강과 웰빙
• 중심 아이디어	사람들은 자라면서 변하고, 이러한 변화는 스스로를 이해하는 데 영향을 준다.
• 관련 교과	국어, 도덕, 실과, 체육, 미술
• 명시된 개념	변화, 인과관계, 기능
• 추가 개념	사춘기, 자아정체성, 발달, 또래 관계, 자기 관리 등
• 학습접근 방법	자기관리 기능, 사고 기능, 대인관계 기능
• 학습자상	성찰하는 사람, 균형잡힌 사람, 소통하는 사람
• 탐구목록	1. 사춘기의 신체적, 감정적 변화(변화) 2. 또래 관계가 웰빙에 미치는 영향(인과관계) 3. 자아 정체성의 역할(기능)

	확 장	발 달	시 작
성취 수준 설명	학습 내용에 대한 지식을 잘 이해하고 높은 수준의 학습 과정 및 기능을 보이며 다양한 상황에 지식과 기능을 적용할 수 있음.	학습 내용에 대한 기본적인 지식과 이해를 형성하였으며, 학습 과정 및 기능에서 기준에 부합하는 성취를 보임.	학습 내용의 일부 영역에 대한 기본적인 지식과 이해를 형성하였으며 학습 과정과 기능에서 부분적인 성취를 보임.

탐구 단원 성취 결과		교사평가		
LOI 1	영화 <메이의 새빨간 비밀>을 보고, 모둠 친구들과 협력하여 주인공의 생각을 시각적으로 나타내고, 각자 자신의 상황과 비교하는 글쓰기를 하며 사춘기의 신체적, 감정적, 사회적 변화를 조사함.	확장	발달	시작
LOI 2	See-think-wonder 전략을 사용하여 영화 <Wonder>를 보면서 또래 관계가 우리 생활에 미치는 영향을 알아보고, 모둠 친구들과 이야기 나누며 진정한 친구는 어떤 존재인지 판단하는 기준을 세움.	확장	발달	시작
LOI 3	온책읽기 <다이너마이트>와 ATL 활동(나 알아보기, PMI 토론)을 통하여 자아 정체성의 중요성을 이해하고, 사춘기 동생에게 조언 또는 설명하는 편지를 씀.	확장	발달	시작

❖ 학습 접근 방법

학습 접근방법	내 용	자기평가		
사고 기능	• 나는 영화를 보고 주인공과 나를 비교하여 유사점 및 차이점을 찾을 수 있습니다. • 나는 사춘기의 변화를 나의 상황과 연결하여 생각할 수 있습니다. • 나는 나의 장점과 개선해야 할 부분을 파악할 수 있습니다.	확장	발달	시작
자기관리 기능	• 나는 내적, 외적으로 산만한 마음 상태에서도 마음을 차분히 정리할 수 있습니다. • 나는 어떤 장애물이나 도전에 직면했을 때 끈기있게 해결하려고 합니다. • 나는 내가 무엇을 해야 하는지 알고, 주도적으로 움직입니다.	확장	발달	시작
대인관계 기능	• 나는 나의 감정, 생각, 행동을 조절할 수 있습니다. • 나는 열린 마음을 가지고 있으며, 존중의 실천을 통해 다름을 인정하고 이해합니다. • 나는 다른 사람들이 갈등을 겪고 있을 때 중재자 역할을 할 수 있습니다.	확장	발달	시작

❖ 학습자상

이번 탐구 단원에서 추구하는 학습자상을 어떻게 실천했는지 스스로 평가해 봅시다.		자기평가		
성찰하는 사람	• 나는 자기 생각, 경험, 주변의 세상에 대해 깊게 생각합니다. • 나는 나의 강점과 약점을 이해하여 학습과 성장에 도움이 되도록 노력합니다.	확장	발달	시작
균형잡힌 사람	• 나는 지적, 물리적, 정서적 균형을 이루는 것이 중요하다는 것을 이해합니다. • 나는 우리가 살아가는 세상은 서로 연결되어 있음을 알고 있습니다.	확장	발달	시작
소통하는 사람	• 나는 다양한 방법으로 창의적이고 자신 있게 나 자신을 표현합니다. • 나는 다른 친구들과 모둠의 의견을 경청하며 효과적으로 협력합니다.	확장	발달	시작

탐구 단원 성찰 ♥ 여러분의 탐구 활동 과정을 '성찰 에베레스트 산'으로 표현하고, 부모님께 설명해 드립니다.

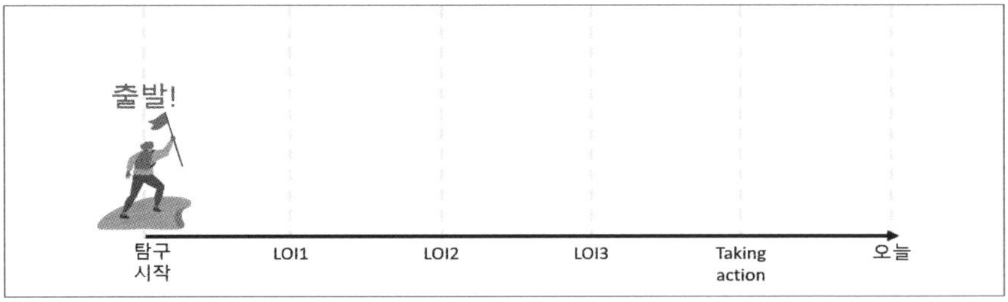

학부모 의견 ♥ 자녀들과 '성찰 에베레스트 산'을 보면서 이렇게 이야기 나눠 주세요.

① 이번 탐구 단원에서 가장 기억에 남는 활동은 무엇이고, 그 이유는 무엇이니?

② 이번 탐구 단원에서 배운 내용을 어떻게 실천하면 좋을까? 같이 계획을 세워볼까?

3. PYPX 발표회 참관 자료

PYPX 발표회 참관 활동지(학생용)

202 년 월 일

학년 반		번호		이름	

전시회 첫인상: 전시회장인 체육관에 들어섰을 때 어떤 느낌이 들었나요? 어떤 점이 인상 깊었나요?

인상깊게 본 탐구 주제: 어떤 주제를 탐구했나요? 중심아이디어와 개념은 무엇인가요?

효과적인 발표 방식:학생들은 어떻게 발표했나요?(포스터, PPT, 영상, 실물자료 등), 발표자는 내용을 잘 설명했나요? 어떤점이 좋았나요?

관람자의 참여 유도: 관람자가 참여할 수 있도록 어떤 장치(퀴즈, 체험, 질문 유도 등)을 했나요? 내가 참여한 활동과 좋다고 생각한 참여방법은 무엇이고 왜 그런가요?

탐구과정의 흔적: 전시물에서 탐구의 과정을 볼 수 있었나요? 탐구자는 어떤 노력을 했나요? 탐구자의 탐구가 왜 의미 있다고 생각하나요?

내 전시회를 준비할 때 기억할 점: 이 전시회를 보고 나서, 내가 탐구전시회를 준비할 때 꼭 해보고 싶은 것과 주의하고 싶은 점은 무엇인가요?

나의 탐구 아이디어 떠올리기: 전시회를 보면서 떠오른 주제나 아이디어는 무엇인가요?

PYPX 발표회 참관 가이드(학부모용)

공개 일시	202 . . ( ) ~		
자녀 이름		참관 가족 성함	

1. (전시회 첫인상) 자녀의 전시장 앞에서 어떤 점이 가장 먼저 느껴졌나요? (분위기, 자녀 준비 모습, 전시물 배치 등)

2. 자녀의 발표 관람하기
(전시 주제 이해하기) 자녀의 탐구 주제는 무엇인가요? (중심아이디어, 개념, ATL, 학습자상 등 포함)
(탐구과정 살펴보기) 자녀는 탐구를 위해 어떤 노력을 했나요?
(관람자 참여 유도 방식) 자녀가 사용한 참여 유도 방식(퀴즈, 질문, 게임 등)은 무엇이었나요? 효과적이었나요?

3. (배움의 태도) 학생이 보인 긍정적인 배움의 태도를 모두 찾아 ∨ 표시해 주세요
□ 탐구하는 사람 □ 사고하는 사람 □ 소통하는 사람 □ 열린 마음을 지닌 사람 □ 배려하는 사람 □ 지식이 풍부한 사람 □ 원칙을 지키는 사람 □ 도전하는 사람 □ 균형 잡힌 사람 □ 성찰하는 사람

4. 자녀에게 전하고 싶은 격려의 말

5. 자녀의 친구들에게 하고 싶은 말